역사를 바꾼 위대한 알갱이

씨앗

미래생각발전소 08 　역사를 바꾼 위대한 알갱이, 씨앗

초판 1쇄 발행 2013년 3월 4일
초판 23쇄 발행 2023년 8월 10일

글쓴이 서경석 | **그린이** 이경국
펴낸이 김민지 | **펴낸곳** 미래M&B
등록 1993년 1월 8일(제10-772호)
주소 04030 서울시 마포구 동교로 134(서교동 464-41) 미진빌딩 2층
전화 02-562-1800 | **팩스** 02-562-1885
전자우편 mirae@miraemnb.com | **홈페이지** www.miraei.com
블로그 blog.naver.com/miraeibooks | **인스타그램** @mirae_ibooks
ISBN 978-89-8394-734-5 74400 | ISBN 978-89-8394-550-1 (세트)

글 ⓒ 서경석, 2013 그림 ⓒ 이경국, 2013

＊잘못 만들어진 책은 구입처에서 바꾸어 드립니다.
＊이 책은 저작권법에 따라 한국 내에서 보호받는 저작물이므로 무단 전재와 복제를 금합니다.

아이의 미래를 여는 힘, **미래i아이** 는 미래M&B가 만든 유아·아동 도서 브랜드입니다.

지식과 생각의 레벨업
미래생각발전소

역사를 바꾼 위대한 알갱이
씨앗

서경석 글 | 이경국 그림

미래 i 아이

○ **머리말**

씨앗, 세계사를 바꾸다

인류가 아프리카 동부에 처음 모습을 드러낸 지 약 500만 년이 흘렀어요. 200만 년 전에는 아프리카를 벗어나 아시아와 유럽으로 삶의 터전을 넓혔지요. 베링 해협을 건너 아메리카 대륙으로 건너간 것은 겨우 5만 년 전 일이에요.

인류가 농사를 짓기 시작한 것은 1만 5천 년밖에 되지 않았어요. 하지만 그때부터 농업은 인류의 대부분이 종사하는 가장 중요한 직업이었어요. 인류가 보다 효과적으로 농사를 짓기 위해 고안해 낸 것이 문명이요, 국가라는 것만 봐도 농업이 인류 역사에서 얼마나 중요한지 알 수 있어요.

씨앗은 농사의 처음이자 끝이에요. 땅을 갈아 씨앗을 뿌리는 일에서 시작되고, 작물을 거두어 이듬해 뿌릴 씨앗을 갈무리하는 일로 마무리되지요.

1만 5천 년 동안 인류와 함께 해 온 씨앗에는 인류가 걸어온 발자취가 켜켜이 남아 있어요. 씨앗이라는 렌즈로 인류의 역사를 들여다보면 무엇이 보일까요? 인간의 역사를 발전시킨 힘이 보여요.

그것이 무엇이냐고요?

생존을 위협하는 굶주림에서 벗어나 잘 먹고 잘살려는 인간의 바람, 남들을 짓누르고라도 기필코 채우려는 인간의 끝없는 욕망이지요. 이런 것들이야말로 역사를 발전시킨 원동력이에요.

반만 년 동안 겨레와 함께 한 쌀을 통해 우리나라 역사는 물론 아시아 역사의 비밀을 파헤쳐 보세요. 2500년 전부터 국제 교역의 중심에 우뚝 선 밀을 통해 유럽 역사의 수수께끼를 풀어 보고요.

근대의 새벽을 하얗게 물들인 동양의 기호 식품 열풍이 어떻게 신항로 개척과 전 세계의 식민지화로 이어졌는지, 옥수수, 감자, 고구마라는 신대륙 3총사가 어떻게 인구 폭발과 산업 혁명을 이끌었는지, 차와 커피, 설탕이 어떻게 전 세계 농민들을 무한 경쟁의 시대로 이끌었는지 따져 보세요.

차를 둘러싼 유목민과 농경민의 대립과 갈등이 어떻게 중국사를 바꾸었는지, 설탕을 둘러싼 삼각 무역이 어떻게 아프리카 흑인들을 노예로 만들었는지, 옥수수를 둘러싸고 사람과 소가 경쟁하는 기막힌 현실이 어떻게 생겨났는지 궁리해 보세요.

지금부터 씨앗을 통해 세계사의 비밀을 양파 껍질 벗기듯 한 겹씩 벗겨 볼까요?

서경석

○ 차례

머리말 … 4

프롤로그 씨앗이 희망이다

그들은 크리스마스가 있다는 걸 알기나 할까요? … 14
아프리카가 목마름과 굶주림의 땅으로 바뀐 까닭 … 17
희망의 땅으로 되살아나려면 … 21
8명 중 1명꼴로 굶주려 … 24
굶주림에 대한 두려움과 극복 방법 … 26
인구 폭발을 가져온 농경과 목축 … 28

제1장 세계 인구의 절반 이상을 먹여 살리는 쌀

식량의 왕 중 왕, 쌀 … 34
우리나라 쌀은 돌연변이? … 37
손이 여든여덟 번이나 가는 벼농사 … 40
강대국의 열쇠, 벼농사 … 43
중국을 세계에서 가장 부유한 나라로 만든 쌀 … 45
백제, 고구려, 신라가 발전한 힘 … 49
● **생각발전소** '밥'은 하늘이다 … 54
최고의 건강식, 밥 … 56
우리를 살리는 밥 … 60

제2장 곡물 교역의 중심, 밀

세계에서 가장 오래된 작물, 밀 … 66
밀 생산국 1위와 수출국 1위 … 70
● **생각발전소** 갈수록 느는 밀 소비 … 72
고대 로마를 공화국에서 제국으로 바꾼 밀 … 74
밀과 로마의 멸망 … 79
밀의 수입을 막아서 영국인은 배고프다! … 82
사라진 우리 밀을 찾아서 … 86
식량 위기와 우리 밀 … 90

제3장 고기 공장, 옥수수

고마운 옥수수 … 96
옥수수, 어디에서 왔을까? … 99
● **생각발전소** 사람은 옥수수 가루를 반죽해서 빚어낸 것이다! … 100
콜럼버스가 아메리카로 간 사연 … 102
아시아로 전해진 옥수수 … 107
가축의 사료가 된 옥수수 … 109
바이오 에너지, 식량의 블랙홀 … 113
무서운 옥수수 … 120

제4장 세계인을 굶주림에서 구원한 감자와 고구마

감자가 악마의 열매라고? …126
전략 물자가 된 감자 …129
영국의 산업 혁명을 이끈 값싼 감자 …130
영국이 감자를 먹기 시작한 까닭 …133
영국과 아일랜드를 앙숙으로 만든 감자 흉작 …138
청나라의 인구 폭발을 이끈 고구마 …143
김만덕의 의로운 기부와 고구마 농사 …146
건강식으로 각광받는 고구마 …149

제5장 세계사를 바꾼 기호 식품

차는 언제부터 마시기 시작했을까? … 154
티베트 인들이 중국차를 처음 맛본 날 … 157
전쟁과 평화를 결정하는 열쇠, 차 … 160
한국과 일본의 차 … 163
영국인이 홍차를 즐기는 까닭 … 164
영국에서 커피가 인기를 끌지 못한 까닭 … 167
미국인이 커피를 즐기는 까닭 … 171
만병통치약, 설탕 … 174
우리나라에 들어온 커피와 설탕 … 177
자동차 연료가 된 설탕 … 179

에필로그 씨앗은 미래다

세계는 지금 씨앗 전쟁 중 … 186

프롤로그

씨앗이 희망이다

씨앗,
희망을 이야기하다.

그들은 크리스마스가 있다는 걸 알기나 할까요?

1984년 11월 어느 날, 영국 록 밴드 더 붐타운래츠의 리더이자 보컬인 밥 겔도프는 텔레비전을 보다가 깜짝 놀랐어요. 텔레비전에서는 에티오피아 난민들의 굶주린 모습이 생생하게 방송되고 있었어요.

온몸에 뼈만 남은 어린아이가 엄마의 품에 안겨 있어요. 아이의 배는 아무것도 먹지 못해 동산처럼 볼록 튀어나와 있었지요. 배고픔에 지친 아이는 가끔씩 엄마의 젖을 힘껏 빨아요. 하지만 엄마 역시 몹시 굶주린 상태라 젖이 나올리 없었지요. 아이의 얼굴에 파리 떼가 새까맣게 달라붙었지만, 손을 흔들어 쫓을 힘도 없는지 그냥 내버려두고 있어요. 가끔씩 엄마가 손을 흔들어 파리 떼를 쫓아 보지만, 파리 떼는 이내 다시 달라붙어요. 그렇게 엄마와 아이는 죽어가고 있었어요.

며칠 동안 밥 겔도프는 잠을 이룰 수 없었어요. 눈을 감으면 엄마와 아이의 텅 빈 눈이 떠올랐어요. 침대에서 이리저리 뒤척이던 밥 겔도프

는 전화기로 손을 뻗었어요.

　며칠 뒤, 녹음실은 발 디딜 틈이 없을 만큼 붐볐어요. 폴 매카트니, 스팅, 필 콜린스, 조지 마이클, 보이 조지 등 영국을 대표하는 팝스타 41명이 한자리에 모인 거예요. 이들은 즉석에서 밴드 에이드(Band Aid)를 결성하고는 노래를 부르기 시작했어요.

　이 음반은 날개 돋친 듯 팔려나가 순식간에 300만 장을 돌파했어요. 판매 수익금은 모두 굶주리는 아프리카 난민들이 먹을 식량을 사는 데 쓰였어요. 얼마 뒤에는 마이클 잭슨, 라이오넬 리치, 다이애나 로스, 빌리 조엘, 브루스 스프링스틴 등 미국 가수들도 동참해 〈우리는 세계〉를 발표했어요.

　이듬해에는 유럽과 미국 대도시를 돌며 '라이브 에이드'라는 공연을 벌여 수익금을 난민 구호에 썼어요. 100만 명 남짓한 사람들이 직접 공연을 보았고, 60여 개국, 15억 명 이상이 방송을 시청했어요. 방송을 지켜보고 사람들은 깜짝 놀랐어요. 한편에서는 식량이 남아돌아 마구 버려지고 있는데, 다른 편에서는 사람이 떼거지로 굶어 죽어 가다니…….

　공연이 끝나자 아프리카의 기아 문제에 관심을 기울이는 사람이 눈덩이처럼 불어났어요. 이들이 한 푼 두 푼 모은 기부금도 천문학적인 액수로 불어났지요. 에티오피아 난민들은 이들의 도움으로 굶주림과 질병에서 벗어날 수 있었어요.

아프리카가 목마름과 굶주림의 땅으로 바뀐 까닭

아프리카는 수많은 생명을 잉태한 풍요로운 땅이었어요. 열매와 씨앗, 뿌리가 지천으로 널렸고, 크고 작은 짐승들이 떼를 지어 몰려다녔어요. 잠깐만 일을 해도 배불리 먹을 수 있다 보니 그곳 사람들은 문명을 발전시킬 필요성을 전혀 느끼지 못했지요. 그저 농사를 짓고 가축을 기르는 평온한 시절이 몇 천 년 동안 계속되었어요.

그런데 15세기부터 시작된 대항해 시대가 아프리카에 재앙을 몰고 왔어요. 향신료와 황금을 노린 모험가들이 몰려들었거든요. 이들은 유리병과 유리구슬, 윤이 나는 모직 천을 내밀어 족장들의 환심을 산 다음, 아시아와 아메리카로 가는 데 필요한 식량과 물을 보충했어요. 아프리카를 대서양 항로와 인도 항로의 중간 기착지로 활용한 거예요. 그래도 이때까지는 별다른 피해가 없었어요.

하지만 16세기 말에 들어서면서 사정이 바뀌었어요. 은 광산과 플랜테이션 농장에

플랜테이션 농장

재식 농장이라고 불린다. 열대 또는 아열대 지방에서 자본과 기술을 지닌 미국, 유럽 사람들이 현지인의 값싼 노동력을 이용하여 쌀·고무·솜·담배 따위의 특정 농산물을 대량으로 생산하는 경영 형태를 말한다.

총칼을 앞세운 유럽의 모험가들은 아프리카 사람들을 노예로 끌고 갔다. 사람뿐만 아니라 풍요로운 자원을 빼앗으려고 끊임없이 전쟁을 일으켰다.

서 일하던 아메리카 원주민 노예들이 고된 강제 노동과 전염병으로 죽어나가면서 일할 사람이 부족해진 거예요. 노예 값이 하늘 높은 줄 모르고 뛰어올랐어요.

아프리카에서 흑인들을 붙잡아다 아메리카에 노예로 팔아먹으면 큰돈을 손에 쥘 수 있겠다고 생각한 모험가들은 황금과 총, 장신구로 족장들을 꼬드겼어요. 재물에 눈이 먼 족장들은 다른 부족을 습격해 그들을 모험가들에게 팔아먹었지요.

19세기에 들어서면서 또다시 사정이 바뀌었어요. 산업 혁명으로 원료가 많이 필요해지자 유럽 열강들은 아프리카의 풍요로운 자원에 눈독을 들이기 시작했어요.

아프리카를 둘러싼 열강들의 각축전은 갈수록 치열해졌어요. 이는 서로 죽고 죽이는 전투로 이어지기 일쑤였어요. 전쟁 비용이 엄청나게 들어갔고, 군인들의 희생도 갈수록 커졌어요. 식민지를 차지해서 얻는 이익보다 식민지를 차지하는 데 드는 비용이 더 많이 들 지경이었지요. 그제야 유럽 열강들은 어디부터 어디까지를 누구 땅으로 할 것인지를 놓고 협상을 벌이기 시작했어요.

문제는 아프리카 대륙이 어떻게 생겼는지 제대로 알지 못했다는 거예요. 산과 강, 호수가 어디에 있는지 모르는 상태에서 산과 강, 호수와 같은 자연 지형을 경계로 하지 않고 지도에다 자를 대고 금을 그어 자기들 멋대로 경계를 정해 버렸어요.

원래 아프리카 부족민들은 산과 강, 호수와 같은 자연 지형을 경계로 삼아 생활권을 나누었어요. 가축이 먹을 풀이 떨어질 때쯤이면 사람들은 가축을 끌고 다른 곳으로 옮겨 다녔지요.

그런데 어느 날 갑자기 백인 군대가 들어와 길을 막는 거예요. 더 이상 여러 곳을 돌아다니며 가축을 먹일 수 없었지요. 한곳에 붙박여 가축을 먹이다 보니 가축이 먹을 풀이 모자랐어요. 먹을 풀이 모자라자 가축들은 풀뿌리까지 뽑아 먹었지요. 여느 때면 풀로 덮여 있어야 할 땅이 시뻘건 속살을 드러냈어요.

수풀이 사라지면서 땅은 갈수록 메말라갔어요. 도도히 흐르던 강물도 비올 때만 흐르는 건천으로 바뀌었고, 지하수도 줄어들어 옹달샘도 점점 사라졌어요. 이른바 사막화가 진행된 거예요.

　사막화가 진행되면서 농사를 지을 땅과 가축을 기를 땅도 줄어만 갔어요. 부족민 전체의 생명이 위태로워졌어요. 부족민이 살아남으려면 다른 부족을 공격해서라도 땅과 물을 차지해야 했어요. 땅과 물을 둘러싼 부족 간의 경쟁은 죽고 죽이는 전쟁으로 발전했어요.

　오늘날 아프리카가 부족 간의 전쟁과 굶주림, 목마름에 신음하는 것은 유럽 열강들이 자연 지형을 무시하고 지도에다 자를 대고 금을 그어 경계를 정하고는 사람들의 통행을 막았기 때문이에요. 별다른 생각 없이 멋대로 그은 금이 아프리카를 굶주림과 목마름의 땅으로 바꾼 것이지요.

희망의 땅으로 되살아나려면

 밴드 에이드 이후 아프리카 사람들의 신음에 귀 기울이는 사람들이 크게 늘었어요. 이들이 낸 기부금은 식량과 의약품으로 바뀌어 아프리카로 보내졌어요. 이것들은 죽어가는 사람들의 생명을 되살렸지요.

하지만 언제까지 아프리카로 식량과 의약품을 보내야 하는 걸까요? 식량과 의약품이 필요하지 않도록 땅을 되살리고 농업과 목축업을 되살리고 경제를 되살릴 수는 없는 걸까요?

아프리카를 되살릴 근본적인 방안에 대해 고민하는 사람들도 점점 늘어나고 있어요. 이들의 주장을 몇 가지만 살펴봅시다.

첫째, 아프리카를 희망의 땅으로 되살리려면 무엇보다 사막화*를 막아야 해요. 사막화를 막으려면 나무를 심어야겠지요. 그렇다고 아무

사막화

자연적 요인인 가뭄, 건조화 현상과 인위적 요인인 관개, 산림 벌채, 환경 오염 등이 복합적으로 작용하여 토지가 사막 환경화 되는 현상을 말한다. 숲이 점점 사라지면서 더욱 빠른 속도로 지구의 사막화가 진행되고 있다.

나무나 심어서는 안 돼요. 물이 거의 없어도 잘 자라는 나무, 땅을 비옥하게 만들어 다른 나무나 풀, 식량 작물이 잘 자랄 수 있도록 돕는 나무가 필요해요. 아프리카 풍토에 맞는 것은 기본이겠지요. 일부 학자들은 사막화를 막고 땅을 비옥하게 만들 나무로 아까시나무를 꼽고 있어요.

아까시나무는 다른 나무들과 달리 비가 내리는 우기에는 성장을 멈추고 잎을 떨어뜨리고, 비가 오지 않는 건기에 다시 자란대요. 다른 나무나 풀, 식량 작물과 물을 놓고 경쟁하지 않는다는 것이지요.

더욱이 콩과 식물이라 뿌리에 뿌리혹박테리아가 함께 살기 때문에 공기 중의 질소를 이용해 땅을 비옥하게 만들어요. 천연 질소 비료라는 이야기지요. 통계에 따르면 아까시나무로 둘러친 옥수수 밭에서는 그렇지 않은 밭보다 옥수수를 평균 세 배 이상 수확했대요. '기적의 나무'가 아닐 수 없어요.

둘째, 굶주림에서 벗어나려면 가뭄에도 잘 견디고 수확도 많은 식량 작물을 심어야 해요. 품종 개량을 통해 가뭄에도 잘 견디고 수확도 많은 씨앗을 만들어내야 한다는 이야기예요. '옥수수 박사' 김순권 선생님이 개량한 '슈퍼 옥수수'처럼 아프리카 풍토에 맞으면서 수확도 많은 씨앗을 만들어 널리 보급해야 해요.

셋째, 화학 비료나 농약에 의존하지 않는 친환경적인 농법이 필요해요. 아프리카는 모든 게 부족한 가난한 나라예요. 아프리카 사람들은 화학 비료나 농약을 살 돈도 없어요. 따라서 친환경 농법으로 병충해를 막고 땅을 비옥하게 만들어야 수확량을 늘릴 수 있어요.

마지막으로 자연 지형을 무시하고 그어진 국경을 뛰어넘어 서

로 협력하려는 아프리카 사람들의 노력이 절실해요. 최근 들어 아프리카 나라들도 아프리카 연합을 이루어 유럽 연합처럼 보다 깊은 협력 관계를 이루려는 모습이 활발해지고 있는 것은 다행이 아닐 수 없어요.

8명 중 1명꼴로 굶주려

굶주림에 신음하는 곳은 아프리카만이 아니에요. 수출을 위해 논을 갈아엎고 열대 과일을 심은 아이티, 1990년대 대홍수로 농업 기반이 무너진 북한 등 수많은 나라가 굶주림으로 고통받고 있어요.

하지만 미국이나 오스트레일리아 같은 식량 수출국에서는 남아도는 식량 때문에 골치를 썩고 있어요. 이들 나라에서는 식량 가격을 유지하

기 위해 식량을 불태우거나 바다에 내다 버려요. 최근에는 식량을 발효시켜 자동차 연료로 쓰는 에탄올을 생산하기도 하지요.

한쪽에서는 먹을 것이 없어 진흙이라도 입에 넣어 허기를 때우려 하고, 다른 한쪽에서는 먹을 것이 남아돌아 바다에 내다 버리는 현실이 안타깝기 그지없어요.

8억 명이 넘는 사람이 굶주림에 허덕이고 있어요. 8명 중 1명꼴로 굶주린다는 이야기예요. 2008년 식량 위기 이후 굶주리는 사람은 갈수록 늘어나고 있어요.

이렇게 많은 사람들이 굶주리는 까닭은 무엇일까요? 굶주림을 해결할 방도는 없는 걸까요? 있다면 그 방도는 무엇일까요?

아프리카, 아이티, 북한 등 여러 나라의 아이들이 굶주림에 시달리며 힘든 삶을 살고 있다.

굶주림에 대한 두려움과 극복 방법

사실 굶주림으로 인류가 멸망할지 모른다는 두려움은 인류가 지구상에 처음 모습을 드러낸 450만 년 전부터 계속되어 왔어요.

먹을거리가 풍족하면 인구가 늘어나요. 만약 늘어난 인구를 먹여 살릴 만큼 먹을거리가 충분하지 않다면 많은 이가 굶어 죽겠지요. 결국 먹을거리가 허용하는 만큼만 살아남는다는 이야기예요. 먹이사슬을 통해 생태계가 균형을 이룬다는 생물학적 원리를 인류에 적용해서 나온 결론이지요. 하지만 실제 역사에서 인류가 취한 행동 방식은 대부분의 동물들이 보이는 본능적인 행동과는 전혀 달랐어요.

먹을거리가 부족해지자 먹을거리를 둘러싼 무리와 무리의 싸움은 갈수록 치열해져 전쟁을 방불케 했어요. 치열한 경쟁 속에서 몇몇 무리의 우두머리는 차라리 먹을거리를 찾아 다른 곳으로 옮겨 가는 게 낫겠다고 생각했지요. 끝없는 경쟁 끝에 무리 전체가 죽음을 맞이하리라는 것은 불을 보듯 훤했으니까요.

한 번도 가 보지 못한 미지의 땅에 과연 먹을거리가 있을지는 아무도 알 수 없었어요. 생전 처음 보는 맹수나 괴물과 맞서야 하는 두려움도 컸어요. 그래도 무리의 힘을 믿고 떠나야 했어요. 이래 죽으나 저래 죽으나 마찬가지였으니까요.

인류가 태어난 아프리카 동부를 떠나 미지의 땅을 향해 내딛은 이 한걸음은 인류 역사의 전환점이 되었어요. 인류는 200만 년 전에 아프리카를 벗어나 마침내 아시아와 유럽에 도착했어요. 100만 년 전에는 불을 발견해 추위와 어둠을 극복할 수 있었어요. 불의 발견으로 인류의 생활 영역은 극지방까지 넓어졌어요. 이렇게 원시 인류는 굶주림에 대한 두려움을 생활 영역의 확대로 이겨냈어요.

인구 폭발을 가져온 농경과 목축

육지 곳곳으로 생활 영역을 넓히면서 인류는 잠시 굶주림을 해결하는 듯 싶었어요. 하지만 인구가 늘어나면서 먹을거리를 둘러싼 경쟁은 다시 치열해졌지요. 열매나 잎사귀, 뿌리나 씨앗을 모으고, 짐승을 사냥하고, 물고기를 낚았지만, 배고픔은 가시지 않았어요. 다른 무리를 습격해 모조리 죽여야만 그나마 배불리 먹을 수 있었지요. 채집과 수렵, 어로 등 기존 생활 방식만으로는 더 이상 늘어나는 인구를 감당할 수 없었어요.

1만 5천 년 전, 인류가 농경과 목축을 발명하면서 인구는 폭발적으로 늘어났어요. 봄에 씨앗을 뿌려 가을에 그 몇 배를 수확하는 농경과 짐승을 길들여 먹을거리가 부족할 때 잡아먹는 목축은 인류의 생활을 통째로 바꾸었어요.

그러면서 점차 농사 기술과 보관 기술도 발달했지요. 그러자 이제 인류는 먹고도 남을 만큼 먹을거리에 여유가 생기기 시작했어요. 그러면서 점차 **계급과 국가, 문명이 싹트기 시작했고 오늘날에 이르게 되었지요.**

지금 우리는 갈수록 농업과 농민의 비중이 줄어드는 시대를 살아가고 있어요. 세계 여러 나라는 이제 더 이상 먹을거리를 자급자족하려고 하지 않아요.

뿐만 아니라 사람들은 이제 더 이상 씨앗을, 식량을 소중하게 생각하지도 않아요. 오히려 너무 많이 생산되어 골치가 아프다고 아우성이지요. 그런데도 갈수록 굶주리는 사람들이 늘어나니 이상한 일이지요? 그동안 무슨 일이 있었기에 이런 일이 벌어지고 있는 걸까요? 인류와 함께 변화 발전을 거듭해 온 씨앗을 통해 그 답을 찾아보기로 해요.

제1장

세계 인구의 절반 이상을 먹여 살리는 쌀

세계 인구의 절반을
먹여 살리는 쌀.
쌀농사는 후진국의
상징이 아니라 강대국의
문을 여는 열쇠다.

식량의 왕 중 왕, 쌀

'밥 힘으로 산다'는 말을 들어 보았죠? 요즘에야 아침에 빵을 먹는 사람들도 꽤 되지만, 예전에는 세 끼 모두 밥을 먹었어요. 밥을 주식으로 삼는 건 가까운 일본이나 중국은 물론, 필리핀, 인도네시아, 베트남, 타이, 인도 등 아시아 사람들 대부분이에요. 쌀을 끓여 익힌 게 밥이니 쌀을 주식으로 한다는 말이지요.

쌀은 밀, 옥수수와 더불어 전 세계 사람들이 가장 많이 먹는 주요 곡식이에요. 그 중에서도 1등이 바로 쌀이고요. 밀이 2위, 옥수수가 3위이지요.

쌀을 주식으로 하는 나라의 인구를 살펴보면 36.94억 명이나 돼요. 중국, 인도, 파키스탄, 터키, 이란 사람들 중 일부는 밀을 주식으로 하기 때문에 이들 전부가 쌀을 주식으로 한다고 말할 수는 없어요.

하지만 이 점을 감안해도 2009년 세계 인구 66.7억 명 중 절반 이상이 쌀을 주식으로 하고 있어요. **가히 쌀을 식량의 왕 중 왕이라고 할 만하지요.**

쌀을 식량의 으뜸으로 치는 까닭은 또 있어요. 면적이 똑같은 땅에 쌀과 다른 곡식을 심으면 다른 곡식을 한 자루 거둘 때 쌀은 5~10자루를 거둬들일 수 있어요. 쌀이 세계 인구의 절반 이상을 먹여 살릴 수 있는 비밀이기도 하지요.

 요즘 우리나라에서는 벼 1킬로그램을 싹 틔워 약 120킬로그램의 쌀을 추수해요. 종자 대비 수확 비율이 무려 120배나 된다는 것이지요.

 밀은 어떨까요? 밀 1킬로그램을 뿌리면 약 10킬로그램을 거둬들일 수 있어요. 종자 대비 수확 비율이 쌀의 10분의 1도 채 되지 않아요.

인구의 절반 이상이 주식으로 삼는 쌀은 식량의 왕 중 왕이다.

옥수수는 쌀과 마찬가지로 이삭에 낟알이 많이 매달리기 때문에 종자 대비 수확 비율이 쌀과 비슷해요. 하지만 씨앗을 심는 단위 면적당 수확량을 비교하면 확연히 차이가 나요. 벼는 촘촘히 심지만, 옥수수는 듬성듬성 심거든요.

같은 면적의 땅에서 사람들을 먹여 살리는 능력으로 보나 종자 대비 수확 비율로 보나 쌀은 식량의 왕 중 왕인 셈이지요.

우리나라 쌀은 돌연변이?

쌀을 맨 처음 먹은 사람들은 누구일까요? 그걸 알려면 쌀이 맨 처음 나타난 곳을 알면 되겠지요.

쌀이 맨 처음 나타난 곳*은 중국 남부 윈난 지방과 인도 북부 아셈 지방 사이의 지역이에요. 이 지역에는 브라마푸트라 강, 갠지스 강, 이라와디 강, 메콩 강, 양쯔 강 같은 큰 강이 흘러 벼가 자라는 데 필요한 물을 대기 쉬워요.

또한 아열대 기후라 겨울이 없어 벼가 일 년 내내 잘 자라지요. 한 해에 서너 차례 벼를 수확한다니 얼마나 잘 자라는지 짐작할 수 있겠지요?

이 지역에서 **벼농사를 짓기 시작한 것은 6500~1만 년 전, 신석기 시대부터예요.** 그 뒤 쌀은 큰 강을 따라 인도와 동남아시아, 중국 남부로 퍼져 나갔지요.

쌀의 원산지는 어디?

쌀의 원산지를 두고 지금도 여러 학자들이 논쟁을 벌이고 있다. 크게 인도 설, 동남아시아 설, 중국 설이 있는데, 대부분 학자들은 중국 북부 윈난 지방과 인도 북부 아셈 지방을 잇는 지역을 쌀의 원산지로 보고 있다.

워낙 수확량이 많은데다 맛까지 좋으니 모두가 벼농사를 짓고 싶었을 거예요. 하지만 겨울이 춥고 긴 온대 지방에서 벼농사는 그림의 떡이었어요. 벼는 아열대 작물이라 추위에 약했거든요. 조금만 냉해를 입어도 다 죽어 버리니 자칫하면 한 해 농사를 망칠 판이었어요.

한 해 농사를 망친다는 것은 당시로서는 부족 전체가 굶어 죽을지 모른다는 뜻이에요. 그러니 부족 전체의 생존을 걸고 위험한 도박을 할 사람이 누가 있겠어요. 처음 벼 종자를 가져온 사람들도 한두 번 시험 재배에 실패한 뒤로는 미련 없이 벼 종자를 버렸어요.

하지만 생물의 생존 본능은 대단해요. 버린 벼 종자 중 일부가 야생 상태에서 살아남은 거예요. 돌연변이로 추위에 강한 종자가 만들어진 것이지요.

쌀의 품종

쌀은 크게 자포니카 종과 인디카 종으로 나뉜다. 자포니카 종은 일본 종, 인디카 종은 인도 종이라는 뜻인데, 근대 서양 과학을 먼저 받아들인 일본과, 인도를 식민지로 삼은 영국이 쌀을 학계에 처음 보고했기 때문에 이런 이름이 붙었다. 중국 북부, 우리나라, 일본에서 재배하는 자포니카 종은 모양이 둥글고 찰기가 있어 기름진 밥맛을 좋아하는 동아시아 사람들에게 인기가 높다. 동남아시아와 남아시아에서 주로 재배하는 인디카 종은 모양이 길쭉하고 찰기가 떨어지는 데다 독특한 향기를 가지고 있어 동아시아 사람들 입맛에는 맞지 않는다. 하지만 동남아시아 사람들은 이 정도의 찰기도 싫어해 쌀을 한소끔 끓여 끈적끈적한 뜨물이 나오면 깨끗하게 헹군 다음, 밥을 짓는다.

이를 보고 사람들은 다시 벼농사에 도전했어요. 싹을 틔워 이삭이 패고 낟알이 꽉 찰 때까지의 기간을 줄일 수 있다면 온대 지방이라도 벼농사를 지을 수 있다는 것을 알아냈어요. 수확량이 떨어지지 않는 종자를 찾아내고 만들어내는 데 무려 2천 년이라는 시간이 걸렸지만요.

벼농사 지역은 점점 넓어졌어요. 양쯔 강을 건너 황하강을 지나 만주와 한반도까지 올라온 게 4천 년 전의 일이랍니다. 우리 민족은 이미 고조선 시대에 쌀을 먹었단 얘기예요. 물론 일부 높은 사람들만 먹는 곡식이었지만요. 벼농사는 물 대기 쉬운 곳에서만 지을 수 있어 수확량이 많지 않았어요. 그러니 맛 좋은 쌀밥은 왕이나 귀족들만 먹을 수 있는 특별한 음식이었지요.

손이 여든여덟 번이나 가는 벼농사

벼는 싹을 틔워 모를 낸 다음, 줄기가 쑥쑥 자랄 때까지 많은 물이 필요해요. 이삭이 패고 낟알이 꽉 찰 때까지는 따가운 햇볕이 내리쬐는 맑은 날씨가 좋고요. 결국 풍작을 이루려면 끊임없이 물 관리를 해야 한다는 말이에요.

봄이 오면 농부가 가장 먼저 하는 일 역시 못자리에 물 가두는 일이에요. 볍씨를 뿌려 싹을 틔워 모를 기르려면 못자리에 물이 있어야 하기 때문이지요.

모가 자라기 시작하면 쟁기질로 논의 흙을 갈아엎고 써레질로 덩어리진 흙을 잘게 부순 다음 물을 가둬요. 비라도 흠뻑 내리면 논에 물 가두기도 쉽겠지만, 가뭄으로 논바닥이 갈라질라치면 농부의 가슴 속도 새까맣게 타들어가요. 논에 물을 대려고 힘껏 물레도 밟고 물지게도 지지만 가뭄 때에는 속수무책이에요. 요즘이야 농수로가 그물처럼 깔려 있고 양수기로 물을 퍼 올리면 되지만, 예전에는 이런 시설이 없었기 때문에 그저 하늘만 바라봐야 했지요. 사실 요즘에도 논에 물을 대는 일은 여전히 어렵고 힘든 일이에요. 최근 들어 우리나라도 지구 온난화 현상으로 겨울과 봄에 비가 거의 내리지 않아 논에 물 대는 일이 갈수록 힘들어지고 있어요.

장마와 호우, 태풍이 오는 한여름에는 물꼬를 터 주고 물을 퍼내는 게 또 다른 큰일이에요. 이삭이 팬 다음에는 이삭이 물에 잠기거나 물살에 휩쓸려 쓰러지면 수확이 크게 줄거든요.

이렇듯 벼농사는 싹을 틔울 때부터 추수할 때까지 모든 과정이 물과의 전쟁이에요. 가뭄이면 물을 대느라 한바탕 씨름을 벌이고,

워낙 물과 씨름하는 것이 벼농사다 보니, 벼농사를 한자로 쓸 때 벼 도(稻), 지을 작(作) '도작'이 아니라 '물 수(水)' 자를 덧붙여 '수도작'이라고도 한다.

폭우가 쏟아지면 물을 빼느라 또 한바탕 전쟁을 치르고요.

　물과 씨름하는 것도 사람 손이 많이 가는 일이지만, 정작 손이 많이 가는 일은 따로 있어요. 김매기, 즉 잡초와의 전쟁이에요. 잡초를 뽑지 않으면 논의 양분을 벼 대신 잡초가 빨아먹거든요. 무럭무럭 자라는 게 벼가 아니라 잡초라면 그해 농사는 망친 거예요. 한여름 뙤약볕에 하루 종일 허리도 펴지 못한 채 잡초를 뽑는 일은 아주 고돼요. 오리를 풀어 잡초를 없애기도 하지만, 사람이 직접 뽑는 것보다는 못해요.

　이처럼 벼농사는 다른 작물과 달리 아주 손이 많이 가요. 오죽하면 쌀을 가리키는 한자 '미(米)'의 어원이 '팔십팔(八十八)'을 형상화한 것이겠어요. 쌀을 얻으려면 사람 손이 무려 여든여덟 번이나 간다니, 이렇게 손이 많이 가는 작물은 쌀을 빼고 나면 없어요. 그래도 힘든 보람이 있어 벼농사를 지으면 다른 작물들보다 훨씬 많은 사람들을 먹여 살릴 수 있으니 다행이랄까요?

강대국의 열쇠, 벼농사

옛날에는 인구가 국력의 으뜸 잣대였어요. 어느 나라의 인구가 많다는 것은 많은 인구를 먹여 살릴 능력이 된다는 뜻이었지요. 게다가 인구가 많으면 군인도 많겠지요. 칼과 창, 활이 주된 무기인 고대에는 군인의 수가 군사력을 좌우했어요. 그만큼 싸울 장병이 많다는 뜻이니까요.

많은 인구를 다스리려면 과학 기술의 발전이 필수적이에요. 백성들의 수와 재산을 꼼꼼히 파악해 세금을 매기려면 대수학*이 발달해야겠지요. 홍수로 강물이 넘쳐 논밭이 쑥대밭이 되었을 때 누구 땅이 어디에서부터 어디까지인지 밝혀내려면 측량술과 기하학*도 필요해요. 언제 씨를 뿌리고 언제 거둘지, 홍수, 가뭄, 태풍, 일식, 월식이 언제 올지 예측하려면 달력을 만들어야 하고요. 달력을 만들려면 천문학과 기상학이 발

> **대수학**
> 개개의 숫자 대신에 숫자를 대표하는 일반적인 문자를 사용하여 수의 관계, 성질, 계산 법칙 등을 연구하는 학문이다.

> **기하학**
> 도형 및 공간의 성질에 대해 연구하는 학문이다.

전해야 하지요.

　강물이 흘러넘치지 못하도록 튼튼한 둑을 쌓으려면 구조 공학과 토목 건축학이 없으면 안 돼요. 어느 풀이 독인지 약인지 알려면 생물학, 의약학이 필요하고, 단단하고 날카로운 철제 무기와 농기구를 만들려면 열역학*과 화학도 필요해요. 그만큼 과학 기술력이 뛰어나야 한다는 거예요.

　국력이란 경제력, 군사력, 과학 기술력을 합친 거예요. 경제력이 빵빵하고, 군사력이 막강하며, 과학 기술력이 뛰어난 나라를 흔히들 국력이 강한 나라, 강대국이라고 하지요.

　고대에는 많은 인구를 먹여 살리는 벼농사가 강대국의 문을 여는 열쇠였어요. 바로 이것이 아시아 여러 나라들이 농업 발전에 온 힘을 쏟아 부은 까닭이랍니다.

> **열역학**
> 열을 에너지의 한 형태로 보고 열과 역학적 일과의 관계에서 출발하여 열평형, 열 현상 등을 연구하는 학문으로 물리학의 한 분야이다.

중국을 세계에서 가장 부유한 나라로 만든 쌀

 위, 촉, 오 삼국 시대의 혼란을 끝내고 중국을 통일한 진은 서쪽과 북쪽의 다섯 이민족들에게 영토를 내주고 양쯔 강 이남으로 도읍을 옮겼어요. 양쯔 강 이남으로 옮긴 진을 이전의 진과 구별하여 동진이라고 하지요.

동진은 양쯔 강 방어선을 굳건히 지키면서 남쪽으로 영토를 넓히는 한편, 농경지를 늘리고 농법을 개량하는 데 힘을 쏟았어요. 이른바 '강남 개발'이었지요. 강남 개발은 놀라운 성과를 가져왔어요.

우선 관개 수리 시설을 늘려 홍수와 가뭄의 피해에서 상당 부분 벗어날 수 있었어요. 필요할 때 물을 풍족하게 댈 수 있어서 씨앗을 틔워 모를 낼 수도 있었고요. 바로 모내기 법*이 널리 보급된

모내기 법

모내기는 못자리에다 볍씨를 뿌려 싹을 틔워 모를 기른 뒤 논에다 모를 심는 방법을 말한다. 못자리에서 모를 집중 관리하기 때문에 건강한 모를 키울 수 있고, 논에다 줄지어 모를 심기 때문에 김매기도 쉬워진다.
무엇보다 큰 이점은 못자리를 뺀 나머지 땅에다 보리나 밀, 쌀보리를 그루갈이할 수 있어 더 많은 작물을 생산할 수 있다는 점이다.

강남 개발은 쌀 생산의 증가는 물론 화려하고 세련된 귀족 문화를 이끌어 내는 바탕이 되었다.

거예요. 벼농사를 한 해에 한 번이 아니라 두세 번 이상 지을 수 있게 되면서 생산량도 두세 배 이상 늘어났어요.

농경지 확장, 관개 수리 시설 확장, 모내기 법으로 강남의 쌀 생산은 4배 이상 늘었어요. 덩달아 인구도 늘고, 세금도 크게 늘었지요. 이러한 부를 바탕으로 강남에 자리 잡은 동진과 송, 제, 양, 진에서는 화려하고 세련된 귀족 문화가 발달할 수 있었어요.

강남 개발로 중국의 변두리였던 양쯔 강 이남은 단숨에 중국의 중심지로 떠올라요. 이후 중국은 강북과 강남으로 나뉘어 다툼을 거듭했는데, 이를 남북조 시대라고 불러요.

남북조 시대의 분열과 혼란을 잠재운 것은 강북의 수나라의 1대 황제인 문제였어요. 문제는 6세기 말에 양쯔 강 이남의 진을 멸하고 중국을 통일했어요. 통일 중국의 정치적 중심은 언제나 강북이었고, 강북에서 출발한 수나라도 예외는 아니었어요. 그래서 문제도 도읍을 장안으로 정했지요. 하지만 경제적 중심은 강남에 있었어요.

문제의 아들로 황제 자리에 오른 양제는 전국 시대의 혼란을 잠재우고 중국을 통일한 진시황에 버금가는 폭군으로 유명해요.

"하필이면 진시황이 만리장성을 먼저 쌓을 건 뭐람?"

진시황이 아니었다면 양제는 자신이 만리장성을 쌓아 이름을 날릴 수 있었을 거라며 안타까워했어요. 어떻게 하면 진시황을 누를 수 있을까 고민에 고민을 거듭했지요.

"이거다, 이거야! 이거만 만들면 진시황을 누를 수 있겠다."

양제가 생각해 낸 것은 강남과 강북을 잇는 '대운하'였어요. 운하를 파서 강북의 황하강과 강남의 화이허 강을 잇겠다는 야심찬 계획이었지요.

그날 이후 중국 전역은 '대운하' 공사로 몸살을 앓았어요. 어린아이부터 노인까지 농사일도 팽개친 채 삽 하나씩 들고 물길을 내야 했으니까요. 그뿐만이 아니었어요. 공사 속도를 높이겠다며 공사 실적이 제대로 나오지 않는 구간을 골라 그 구간에서 일하던 백성 5만 명을 생매장하는 끔찍한 일까지 저질렀어요.

폭군 양제의 끔찍한 만행에 화들짝 놀란 백성들은 죽을힘을 다해 공사에 매달려 공사 시작 4년 만인 610년에 '대운하'를 완성했어요.

양제는 길이 200척(약 60미터)에 높이가 4층이나 되는 어마어마한 배를 타고 운하를 따라 강남으로 행차했어요. 양제가 탄 배 뒤로 황후와 후궁, 신하, 승려, 도사 들을 태운 배의 행렬이 200리(약 78킬로미터)나 되었다고 해요. 운하 좌우 강 안에서 8만 명에 달하는 백성들이 이들 배를 끌었다니 그 행렬이 얼마나 화려했는지 짐작이 가지요?

양제의 과한 욕심에서 출발했더라도 대운하는 정치적 중심인 강북과 경제적 중심인 강남을 이어 중국을 하나로 만드는 데 큰 도움이 되었어요. 그 후부터 쌀을 비롯한 강남의 풍부한 물자가 대운하를 따라 강북으로 올라왔어요. **대운하가 중국의 대동맥이 되면서 강남의 쌀이 강북, 아니 중국을 먹여 살리게 된 것이지요.**

이후 중국은 18세기 말, 영국을 비롯한 서유럽에서 산업 혁명이 성공할 때까지 세계에서 가장 부유한 나라의 자리를 굳건히 지켰어요. 대운하를 통해 강남의 풍부한 물자를 강북에 공급할 수 있었기 때문이지요.

대운하는 나 양제의 작품이야!

대운하는 벼농사의 어마어마한 생산력을 보여 주는 대표적인 역사적 사례로 꼽힌다.

백제, 고구려, 신라가 발전한 힘

 벼농사는 기원전 2000~1000년경, 중국 중북부 지방에서 우리나라로 들어왔어요. 이는 우리나라와 중국에서 발견된 벼농사 유적과 탄화미* 등에서 알 수 있는데요, 벼농사가 중국 중북부 지방에서 바닷길을 따라 한강 하류로 전해졌거나, 육로를 따라 한반도 북부에서 대동강 하류를 거쳐 남하했다는 사실을 보여 줘요.

탄화미란?
땅에 파묻힌 볍씨가 열과 압력을 받아 탄소만 남은 것을 가리킨다. 따라서 탄화미가 나왔다는 것은 벼농사를 지었다는 걸 뜻한다.

당시에는 물을 대기 쉬운 하천 유역의 분지와 평야에서 주로 벼농사를 지었어요. 따라서 여름이 짧고 겨울이 길며 분지와 평야가 적은 북부 지방보다는 중남부 지방에서 주로 벼농사를 지었지요. 중남부 지방에서도 평야와 분지가 발달한 충청도와 전라도 지방이 경상도 지방보다 벼농사에 적합했어요. 이것이 고구려, 백제, 신라 가운데 백제가 맨 먼저 전성기를 맞이한 이유예요.

한강 하류에서 출발한 백제는 4세기 근초고왕 때 정복 전쟁을 벌여 충청도와 전라도는 물론 황해도까지 영토를 넓혔어요. 심지어 고구려의 평양성을 공격해 고국원왕을 죽음으로 몰아넣었지요.

이렇게 백제가 먼저 발전할 수 있었던 까닭은 벼농사에 관한 한 백제가 세 나라 중 1등이었기 때문이에요. 백제는 넓디넓은 평지와 풍부한 물을 이용해 벼농사를 지으면서 인구가 크게 늘었어요. 인구의 증가는 재정과 군사의 증가로 이어졌지요.

당시 백제는 주로 중국 강남의 여러 나라들과 외교 관계를 맺었는데, 이 지역은 벼농사에 관한 한 세계 최고 수준을 자랑하는 곳이었어요. 백제는 중국 강남의 선진 농법과 개량 볍씨를 적극적으로 받아들여 경제력을 더욱 튼튼하게 다졌어요.

고구려와 신라도 벼농사에 힘쓰기는 마찬가지였어요. 백제의 눈부신 발전을 지켜본 두 나라는 그 비밀이 바로 벼농사에 있다는 사실을 금세 깨달았지요. 이제 두 나라도 벼농사에 힘을 쏟기 시작했어요. 세 나라의 각축전이 더욱 치열하게 전개된 장막 뒤에는 벼농사가 전국적으로 확산되면서부터예요.

『삼국사기』에는 신라 지증왕 때 소에 철로 만든 쟁기를 달아 논을 깊게 가는 심경 농법을 썼다는 기사가 나와

신라의 심경 농법

땅을 깊숙이 갈아엎으려면 두 가지가 필요하다. 먼저, 땅 속의 돌멩이나 작은 바위와 부딪쳐도 깨지거나 부서지지 않는 튼튼하고 무거운 철제 쟁기가 필요하다. 다음으로 무거운 철제 쟁기를 끌 수 있는 소나 말이 필요하다. 우리나라에서는 기르기 쉽고 온순한 소에 멍에를 씌우고 무거운 철제 쟁기를 끌게 했다.

요. 논을 깊숙이 갈아엎으면 생산량이 크게 늘어나거든요. 이러한 경제력을 바탕으로 신라는 변두리의 후진국에서 일약 삼국 통일의 주역으로 뛰어올랐어요.

삼국 통일 이후 신라의 인구는 600만 명이었어요. 그 뒤 900년 동안 300만 명이 늘어 임진왜란 직전인 16세기에는 900만 명 남짓이었대요. 하지만 임진왜란 이후인 17세기부터 인구는 폭발적으로 늘어나기 시작해 18세기 말에는 1800만 명으로, 두 배나 늘었어요.

인구가 두 배로 는 까닭은 무엇일까요? 그것은 인구가 늘어도 먹여 살릴 만큼 식량 생산이 늘어났기 때문이에요. 식량 생산이 늘어날 수 있었던 것은 모내기 법이 보편화되었기 때문이에요.

모내기는 봄에는 쌀을 심고, 가을에는 보리나 밀, 쌀보리를 심는 그루갈이를 가능하게 했어요. 그루갈이로 식량 생산은 약 1.5배 늘어났지요.

모내기 법이 보편화되고 중국과 일본에서 감자, 고구마, 옥수수 등이 전해지면서 우리나라의 인구 수는 급증하게 된다.

모내기를 하려면 물을 안정적으로 댈 수 있는 저수지와 보 같은 관개 수리 시설이 필요해요. 그래서 국가에서는 이런 시설을 갖추기 위해 저수지와 보를 쌓는 데 힘을 보탠 백성들에게 3~5년 동안 물세를 받지 않는 등 각종 지원책을 실시했지요. 그후 수리 시설이 크게 늘어났어요.

　이에 더해서 임진왜란 이후 중국과 일본을 통해 감자, 고구마, 옥수수 같은 신대륙 작물이 들어왔어요. 이들 신대륙 작물은 척박한 산비탈에서도 잘 자라는데다 수확도 엄청났어요. 기근을 이겨내는 데 제격이라 이들 작물을 '구황 작물'*이라고 해요. 가뭄과 홍수로 농사를 망치더라도 사람들이 굶어죽지 않고 살아남을 수 있게 된 것은 이들 작물 덕분이에요.

　이러한 여러 가지 이유로 인구가 두 배 이상 늘어났지만, 19세기 들어 땅의 지력이 크게 떨어지면서 식량 생산은 줄어들어요. 식량 생산의 감소는 인구 감소로 이어져 20세기 초에는 인구가 1700만 명으로 오히려 100만 명이 줄었어요.

　일제 강점기에 2천만 명을 돌파한 인구는 해방 직후 3천만 명을 넘었어요. 지금 인구는 얼마냐고요? 남북한 합쳐 약 7400만 명을 넘어섰답니다.

구황 작물

홍수나 가뭄 등으로 작물 생산이 크게 줄어 기근이 찾아왔을 때 먹는 작물이다. 구황 작물은 굶주림에 죽어 가는 사람들을 먹여 살리는 소중한 작물로, 맛이나 영양보다는 생산량을 중요하게 친다.
구황 작물은 재배 조건이 전혀 다른 작물이기 때문에 기존 작물들과 경쟁하지 않는다. 옥수수, 감자, 고구마 같은 구황 작물은 높은 산지, 척박한 토양, 건조한 기후에도 잘 자란다.

'밥'은 하늘이다

　전라북도 정읍시 고부면 신중리 주산 마을은 대나무가 많이 자라 대뫼 마을이라고도 불러요. 그래서 마을 회관 이름도 대뫼 마을 회관이에요. 대뫼 마을 회관 앞에는 서른 개가 넘는 작은 돌기둥이 무덤 앞의 묘비명처럼 서 있어요. 제일 높은 돌기둥에는 죽창을 든 농민이 쓰러진 동료를 안고 있는 그림과 '무명 동학 농민군 위령탑'이라는 글이 새겨져 있어요.

동학 농민 운동군 위령탑에는 커다란 그릇에 수북이 담긴 밥이 그려져 있다. 이는 당시 밥이 얼마나 귀한 음식인지 보여 주고, 위정자들의 횡포가 극심했음을 짐작하게 한다.

주산 마을에서 무슨 일이 있었기에 이런 기념탑이 들어선 걸까요? 동학 농민 운동이 터지기 두 달 전인 1893년 11월, 녹두 장군 전봉준 등 동학 지도자 20여 명이 주산 마을에 사는 송두호라는 사람 집에 모였어요. 이들은 백성들을 이끌고 고부 관아를 들이친 뒤 전주성을 점령하고 한양으로 진격하기로 다짐했어요. 결국 주산 마을에서의 다짐이 1894년 동학 농민 운동으로 이어진 셈이지요.

돌기둥에는 사람들의 얼굴과 낫, 쇠스랑 등이 새겨져 있어요. 특히 커다란 그릇에 수북하게 담긴 밥이 눈길을 끌어요. 기념탑을 세운 사람들은 무슨 생각에서 밥을 새긴 걸까요?

당시 농민들은 갓 지어 윤기가 자르르 흐르는 쌀밥을 커다란 그릇 가득 먹어 보는 게 소원이었어요. 하지만 탐관오리나 대지주들에게 온갖 명목으로 빼앗기다 보니 1년에 한두 차례, 가을걷이 직후에나 간신히 먹을 수 있었지요.

쌀은 당시 농민들에게 한평생 송두리째 바쳐 섬겨야 할 소중한 존재였어요. 이렇게 소중한 존재를 함부로 대하는 것은 씻을 수 없는 죄악이었지요. 그래서 밥그릇에 붙은 쌀알 한 톨조차 아까워 물에 씻어 먹었어요.

동학 교리 중에 인내천이라는 말이 있어요. '사람은 하늘'이라는 뜻인데, 사람은 누구나 하늘님과 마찬가지로 존엄하다는 가르침이에요. 당시 농민들에게 쌀과 밥은 하늘님과 마찬가지로 존엄한 존재였어요. 그야말로 '밥은 하늘'이었지요.

최고의 건강식, 밥

19세기 들어 중국을 비롯한 아시아 여러 나라들은 유럽과 미국의 식민지로 전락했어요. 일본만이 근대화에 성공해 식민지가 되는 것을 면했지만, 일본도 동양 문화를 버리고 서양 문화를 맹목적으로 따르기는 마찬가지였어요. 우리나라도 그런 일본의 식민지가 된 아픈 상처를 겪어야 했지요.

서양의 지배자들과 함께 밀과 고기 요리 중심의 서양 음식 문화가 밀려들었어요. 당시 동양 사람들은 동양의 모든 것을 낡고 쓸모없는 것으로 여겼어요. 어떻게 하든 서양의 발달된 문화를 받아들여 서양처럼 잘살고 싶어 했지요. 서양 문화를 따라 배워야 할 고급스러운

문화로 생각하고, 동양 문화는 하루 속히
버려야 할 저급한 문화로 여겼어요.

　서양 사람들이 키가 크고 덩치가 좋은
것은 빵과 우유, 계란을 먹기 때문이고,
동양 사람들이 키도 작고 덩치도
작은 것은 밥에다 나물 같은
풀만 먹기 때문이라는
우스꽝스러운 말이 나돌
았어요. 서양의 지배자
들이 세계를 지배할 수
있게 된 것은 빵과 우유,
계란을 먹어 머리가 좋아졌기
때문이라는 터무니없는
생각도 널리 퍼졌고요.

　1945년에 2차 세계 대전이 끝나고 아시아 여러 나라들이 독립했어요. 아시아 여러 나라들은 유럽과 미국이 200년에 걸쳐 이룩한 경제 성장을 50년 만에 이루어 냈어요. 세계가 아시아의 저력에 깜짝 놀랐어요.

　아시아 여러 나라들의 국제적 지위가 높아지면서 천대 받던 쌀과 밥 중심의 아시아 음식 문화의 지위도 크게 높아졌어요. 유럽과 미국 사람들이 고기를 너무 많이 먹어 고지혈증과 당뇨병 등 성인병에 시달리면서 균형 잡힌 식단에 대한 관심도 덩달아 높아졌지요.

이제 세계는 밥과 나물, 생선 요리에 약간의 고기 요리를 곁들인 아시아 음식 문화를 최고의 건강식으로 받아들이고 있어요. 심지어 이탈리아의 명문 프로 축구 구단 AC 밀란에서는 선수들의 주식을 쌀 요리로 바꿀 정도니까요.

쌀의 성분을 살펴보면 탄수화물이 70~80퍼센트, 단백질이 7~8퍼센트, 지방이 1~2퍼센트, 수분이 11~12퍼센트를 차지해요.

쌀은 다른 곡류보다 단백질 함량이 낮지만 필수 아미노산인 라이신이 두 배나 많아요. 라이신은 지방을 에너지로 바꿔 주어 콜레스테롤 수치를 떨어뜨리기 때문에 고지혈증 예방에 도움을 준답니다.

탄수화물은 몸을 움직이는 데 필요한 에너지원으로 가장 먼저 쓰이기 때문에 단백질이나 지방과 달리 몸에 축적되는 양이 아주 적어요. 비만을 일으키지 않는다는 이야기지요. 밥은 쌀을 통째로 익힌 것이기 때문에 가루를 반죽해 조리하는 밀보다 소화 흡수가 훨씬 천천히 이루어져요. 소화 흡수가 천천히 이루어지면 혈당이 천천히 올라가기 때문에 인슐린*이 적게 분비돼요. 하지만 밀가루 음식은 소화 흡수가 빨라 혈당이 빠르게 올라가기 때문에 인슐린이 많이 분비되지요. 인슐린이 많이 분비되면 혈당을 지방으로 바꾸기 때문에 비만을 일으키게 되고요. 이처럼 쌀은 당뇨병을 예방하고 개선하는 데 도움을 줘요.

이 밖에도 쌀에는 비타민 E, 오리자놀,

인슐린

탄수화물 대사를 조절하는 호르몬 단백질이다. 몸 안의 혈당량을 적게 하는 작용을 하므로 당뇨병을 치료하는 약으로 쓰인다.

토코페리에놀 등 항산화제가 들어 있어 노화를 막아 주고, '가바'라는 물질이 혈압이 오르는 것을 막아 주어 고혈압 예방에도 좋아요. 또한 식이 섬유에는 'IP6'이라는 물질이 들어 있어 대장암을 예방하고, 중금속 축적을 막아 주고요.

    밀가루에는 반죽을 끈끈하고 질기게 만드는 글루텐이라는 성분이어요. 그런데 글루텐은 알레르기를 일으키기도 해요. 글루텐 알레르기가 있는 사람이 밀가루 음식을 먹으면 설사와 구토를 일으키고 심하면 쇼크를 일으켜 죽음에 이를 수도 있다고 해요. 그런데 이런 사람에게 쌀밥은 특효약이나 마찬가지라니, 쌀의 쓰임이 여간 다양하지 않죠?

우리를 살리는 밥

오늘날 우리나라 사람들의 쌀 소비량은 갈수록 줄어들고 있어요. 국민 1인당 연간 쌀 소비량이 1970년 136.4킬로그램에서 1980년 132.4킬로그램, 1990년 119.6킬로그램, 2000년 93.6킬로그램, 2009년 74킬로그램으로 눈에 띄게 줄어들었어요.

소득이 늘면서 반찬이나 간식을 많이 먹게 된 것이 쌀 소비 감소의 가장 큰 이유라고 해요. 가난하던 1960~70년대에는 된장국과 김치만으로 밥을 먹는 경우가 대부분이었어요. 반찬을 짜게 만들어 먹는 양을 줄이는 경우도 많았지요. 신선한 채소와 과일, 고기와 생선은 아주 비싸서 명절이나 제사, 생일 때나 먹는 별미였어요. 빵이나 과자는 꿈도 꾸지 못했어요. 반찬이나 간식이 아니라 밥으로만 몸이 필요로 하는 열량의 대부분을 섭취해야 하던 시절이었지요.

하지만 소득이 늘어나면서 반찬이 크게 늘었어요. 반찬의 가짓수도 고깃국에 신선한 채소 무침, 나물, 김, 달걀, 고기, 생선으로 늘었고, 푸짐하게 먹을 수 있도록 싱겁게 만들었지요. 매일매일 간식으로 과일이나 빵, 과자도 먹고요. 반찬이나 간식을 많이 먹다 보니 밥 먹는 양도 줄어든 거예요.

　뿐만이 아니에요. 맞벌이 부부가 늘어나면서 아침을 거르거나 빵과 시리얼로 때우는 경우도 많아졌어요. 점심으로 햄버거, 피자, 파스타, 스테이크 등 서양 요리를 먹는 경우도 늘었고요. 저녁에는 각종 모임에서 불고기나 삼겹살을 구워 먹는 경우도 많아요. 쌀 소비가 줄어든 만큼 밀이나 옥수수, 고기나 생선의 소비가 늘어나고 있어요. 고도 비만이나 고지혈증, 당뇨병 같은 성인병을 앓는 환자들도 갈수록 늘어나고 있고요.

　서양 사람들도 건강을 위해 쌀밥과 김치, 나물, 채소 무침을 먹으려고 애쓰는데, 밥 대신 햄버거, 피자, 파스타, 스테이크, 치킨 타령을 한다는 게 우습지 않나요? 밥을 많이 먹으면 건강도 좋아지고 농민들의 시름도 덜어줄 수 있어요. 김이 모락모락 나는 밥이 먹고 싶지 않나요?

밀은 인류가 최초로
재배한 농작물이자
갈수록 소비량이
늘고 있는,
식량 부족의 지표이다.

세계에서 가장 오래된 작물, 밀

최초의 밀 재배

서남아시아 카프카스 지방에서는 1만 5천 년 전부터 밀 농사를 짓기 시작했다. 밀의 원산지인 카프카스 지방은 흑해와 카스피 해 사이의 흑토 지대에 있는데, 지금도 세계에서 가장 밀이 많이 나는 곳으로 유명하다.

 밀은 인류가 최초로 재배한 농작물이에요. 쌀보다 훨씬 전부터 재배*하기 시작했지요.

메소포타미아 지방과 이집트에서는 1만 년 전부터 밀을 재배했는데, 이것이 지중해를 건너 유럽, 인도와 중앙아시아로 전해졌어요. 서남아시아, 북아프리카, 인도, 중앙아시아 사람들은 지금도 밀가루 반죽을 화덕에 구워 만든

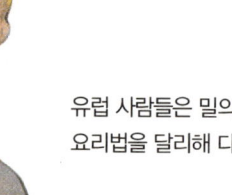

유럽 사람들은 밀의 품종에 따라
요리법을 달리해 다양한 음식을 만들었다.

빵을 주식으로 먹어요. 유럽 사람들은 부드러운 흰 빵과 케이크, 쿠키 등 밀을 재료로 한 요리법이 다양하게 발달했어요. 밀의 품종에 따라 요리법을 달리하거나 요리에 가장 적합한 밀가루를 얻기 위해 품종 개량에 힘을 쏟을 정도니까요.

밀은 인도와 중앙아시아를 거쳐 약 6천 년 전에 중국으로 전해졌어요. 너무 덥거나 비가 많이 내리는 곳에서는 잘 자라지 않는 밀은 황하강 이북의 풍토에 잘 맞았어요. 거기에다가 보리나 수수, 기장, 조에 비해 가루도 곱고 맛도 좋았지요. 미식으로 둘째가라면 서러워 할 중국 사람들은 밀가루에 열광했어요. 중국 사람들은 화덕에 구운 빵, 얇게 편 밀가루 반죽을 꽃 모양으로 둥글게 말아 증기로 찐 꽃빵,

중국 사람들은 밀을 이용해 꽃빵, 국수, 만두 등 다양한 음식을 만들어냈다.

밀가루 반죽을 길게 늘여 뽑거나 칼로 얇게 베어 낸 국수, 밀가루 반죽을 얇게 펴서 만든 껍질에다 다진 고기와 채소를 넣어 증기로 찐 만두 등을 개발했지요. 특히 국수는 우리나라와 일본, 베트남, 타이로까지 널리 퍼졌을 뿐만 아니라 비단길을 따라 이탈리아로 전해져 스파게티의 발명을 낳았어요.

우리나라에서는 기원전부터 밀을 재배하기 시작했어요. 평안남도 대동군 미림리에서 탄화된 밀이 발견되었어요. 신라 경주 반월성지와 백제 부여 부소산 창고 유적에서도 탄화된 밀이 나오는 것으로 보아, 삼국 시대에는 한반도 전역에서 밀을 재배했다고 보고 있어요.

하지만 우리나라에서는 밀보다는 쌀을 더 많이 재배했어요. 밀은 쌀보다 단위 면적당 생산량이나 종자 대비 수확률이 크게 떨어지기 때문이지요.

송나라 사신으로 온 서긍의 『고려도경』에 따르면 밀 생산량이 적어 대부분을 중국 황하강 이북에서 수입하기 때문에 값이 비싸서 잔치 때나 먹는 귀한 음식이라고 나와 있어요.

조선 후기에 모내기 법이 널리 보급되면서 추수 뒤에 심어 늦봄과 초여름 사이에 거두는 그루갈이 작물로 보리나 쌀보리와 함께 밀도 심었지만 보리나 쌀보리보다는 적게 심었어요. 그

고려도경

고려 시대에, 송나라 사신 서긍이 고려에 와서 보고 들은 것을 그림을 곁들여 기록한 책으로, 1123년(인종 원년)에 간행되었다. 이 책은 중국인의 눈에 비친 고려의 사회를 기록했다는데 의의가 크다. 하지만 우리나라의 역사적 사실을 잘못 이해하고 서술한 부분도 있으므로 엄밀한 검토가 필요하다.

래서 우리나라는 밀가루 대신 찰기가 덜한 메밀가루를 반죽해 국수틀에 넣고 눌러 뽑은 국수를 뜨거운 물에 삶아 차가운 김치 국물이나 동치미 국물에 말아 먹는 냉면이 발달했답니다.

밀 생산국 1위와 수출국 1위

밀은 심는 시기에 따라 봄밀과 가을밀, 두 가지로 나뉘어요. 봄밀은 봄에 심어 가을에 거두고, 가을밀은 가을에 씨를 뿌리지요. 하지만 겨울이 너무 춥지 않은 곳에서는 가을에 봄밀을 심기도 해요. 결국 어떤 밀을 심느냐는 겨울이 얼마나 추운가에 따라 달라요.

우리나라와 중국 북부, 중앙아시아, 유럽 등지처럼 겨울이 추운 곳에서는 가을밀을 심고, 지중해 연안의 남유럽이나 북아프리카, 서남아시아, 인도처럼 겨울이 없거나 따뜻한 곳에서는 봄밀을 심어요. 미국과 오스트레일리아에서는 가을밀도 심고 봄밀도 심는데, 밀가루가 떨어지는 시기에 맞춰 종류를 결정한답니다.

중국은 밀을 가장 많이 생산하는 나라다. 중국 사람들은 밥이 주식이지만 밀가루로 만든 국수나 만두 등 다양한 음식도 많이 만들어 먹기 때문에 밀 소비량도 높다.

밀을 가장 많이 생산하는 나라는 중국이에요. 한 해에 무려 1억 톤 이상을 거두어들여요. 중국 사람들은 밥도 잘 먹지만, 국수와 만두도 잘 먹어요. 그래서 밀 생산량도 높지요.

두 번째로 밀을 많이 생산하는 나라는 인도예요.

흑해와 카스피 해, 아랄 해를 잇는 러시아 남부와 주변 국가들도 밀을 많이 생산하고요. 이 지역의 기후가 밀의 국제 시세를 결정할 만큼 이 지역은 세계적인 밀 곡창 지대예요.

하지만 세계에서 밀을 가장 많이 수출하는 나라는 미국, 캐나다, 오스트레일리아예요. 미국과 캐나다, 오스트레일리아는 땅이 넓고 비옥해 생산도 많은데다 인구도 미국을 빼고는 많지 않아 생산량의 대부분을 외국으로 수출해요.

벼농사를 짓는 나라에서는 쌀을 나라의 목숨 줄로 여겨 자급자족하려 애써서 쌀의 국제 교역 규모는 크지 않아요. 밀농사도 마찬가지일 것 같지요? 그렇지 않아요. 밀은 고대 로마 제국 때부터 국제 교역이 활발하게 이루어졌어요.

밀을 가장 많이 수출하는 나라는 미국, 캐나다, 오스트레일리아다.

갈수록 느는 밀 소비

　밀은 세계에서 가장 조리 방법이 다양한 곡물이에요. 유럽과 아메리카, 오세아니아, 아프리카, 서남아시아와 남부 아시아 사람들은 밀가루를 반죽해 빵을 만들어 주식으로 먹어요. 반죽을 얇게 치대서 만든 파이나 생크림이나 초콜릿을 듬뿍 얹은 케이크는 간식으로 각광을 받고 있어요. 빵 위에 토마토소스를 바르고 햄과 소시지, 해물, 야채를 얹은 피자와 밀가루 국수에 고기가루나 베이컨, 해물, 버섯 등을 넣고 토마토소스나 크림, 올리브유로 볶은 파스타는 이탈리아를 넘어 세계인의 음식으로 사랑받고 있지요. 중국과 한국, 일본 사람들은 주로 국수를 뽑고 만두를 빚어 먹고요.
　뿐만 아니라 밀가루는 과자의 주재료이기도 해요. 이처럼 밀은 인류의 절반 이상이 주식이나 간식으로 즐기고 있어요.

　우리나라를 비롯한 중국과 일본, 이탈리아 등에서는 밀가루로 가늘고 길게 국수를 뽑아 이용하거나 만두소를 넣고 만두를 만들어 쪄 먹기도 해요.
　하지만 밀가루의 대부분은 빵을 만드는 데 쓰여요. 특히 유럽과 미국, 캐나다, 오스트레일리아, 서남아시아 일부, 인도 일부, 중국 일부에서는 밀가루 빵을 주식으로 해요. 물론 이들 나라 외에도 다른 많은 나라들도 밀가루를 많이 먹어요. 빵이나 과자, 케이크, 햄버거, 피자, 파스타, 만두, 국수, 라면 등을 간식으로 즐기거나 외식하는 사람들이 크게 늘었거든요.
　이제 우리나라에서도 아침에 밥 대신 빵을 먹는 사람이 갈수록 늘고 있어요. 짜장면, 햄버거, 피자, 파스타 등이 외식의 대명사가 되면서 밀가루 소비량은 갈수록 늘고 있답니다.

고대 로마를 공화국에서 제국으로 바꾼 밀

밀은 고대 로마부터 중세, 현대에 이르기까지 세계사의 거대한 흐름을 좌지우지한 작물입니다. 밀이 어떻게 세계사를 바꿨는지 알아볼까요?

고대 로마는 이탈리아 반도 중부의 로마 지방에 있던 자그마한 도시 국가로 출발했어요. 처음에는 여느 도시 국가들과 마찬가지로 왕이 다스리는 왕정 국가였지만, 얼마 지나지 않아 시민들이 나라를 다스리는 공화국이 되었어요. 시민들의 주인 의식을 바탕으로 로마는 발전을 거듭해 이탈리아는 물론 지중해 주변의 중남부 유럽과 북아프리카, 서남 아시아를 차지하는 대제국을 이루었어요.

이렇게 로마가 세계를 지배할 수 있게 한 힘은 무엇일까요? 바로 시민들로 이루어진 중장 보병이에요. 중장 보병이란 철로 만든 갑옷과 투구, 방패로 온몸을 보호하고, 단단하고 날카로운 철검과 창으로 중무장한 병사들을 말해요. 로마의 중장 보병은 당시로는 가장 무장 상태가 좋아 세계 최강의 군대로 이름을 날렸지요.

철로 만든 갑옷과 투구, 방패에다 철검과 창으로 중무장하려면 돈이

로마의 병사들은 개인 돈으로 무기를 사서 국가를 위해 싸웠다.

많이 들었어요. 그런데 그 돈은 어디에서 왔을까요? 나라에서 한꺼번에 사들여서 병사 개개인에게 나누어 주었을까요? 아니에요. 병사 개개인이 자기 돈으로 사야 했어요.

당시 로마 사회는 귀족, 평민, 노예로 이루어져 있었는데, 귀족과 평민이 로마 시민이었어요. 시민들은 민회를 통해 중요한 정치적 결정에 발언권을 행사할 수 있었는데, 이러한 발언권은 개개인이 자기 돈으로 무장해 국가를 방어하고 정복 전쟁을 벌이는 국방의 의무를 바탕으로 하고 있었어요.

귀족들이야 원래 재산이 많다고 하더라도 평민들은 어떻게 그런 큰 돈을 마련할 수 있었을까요? 농사를 지어 거두는 수입을 조금씩 모았어요. 정복 전쟁을 통해 챙긴 전리품도 큰 몫을 했지요.

하지만 로마가 대제국으로 발전한 이후 평민들은 몰락하고 말았어요. 그 이유는 로마 제국이 중남부 유럽과 북아프리카, 서남아시아 등 정복지의 식민 도시들에서 밀을 수입했기 때문이에요. 해외에서 값싼 밀이 들어오면서 이탈리아 반도에서 밀농사를 짓는 평민들은 생산비에도 미치지 못하는 값으로 밀을 팔아야 했거든요.

해마다 손해가 계속되다 보니 평민들은 땅을 담보로 빚을 내서 살아야 했어요. 빚은 순식간에 눈덩이처럼 불어났고, 빚을 못 갚아 담보로 잡힌 땅을 부유한 귀족들에게 빼앗기는 경우가 늘어났어요. 평민들은 모든 재산을 잃고 빈곤의 나락으로 떨어졌어요. 재산이 없는 가난한 사람들을 당시에는 프롤레타리아트, 즉 무산자라고 불렀어요. 프롤레타리아트가 늘어나면서 로마 정치는 갈수록 혼란스러워졌어요.

그라쿠스 형제가 부유한 귀족들의 토지를 몰수해 무산자들에게 나눠 주는 토지 개혁을 실시하려 했지만, 이에 반발한 귀족들이 그라쿠스 형제를 살해하면서 개혁은 물거품이 되었어요.

그라쿠스 형제

티베리우스 그라쿠스는 기원전 133년 농지법을 만들어 귀족들의 토지를 몰수해 프롤레타리아트에게 나눠 주는 토지 개혁을 실시하려다 귀족들과 원로원의 반격으로 살해당했다. 기원전 123년에는 동생인 가이우스 그라쿠스가 형의 뒤를 이어 토지 개혁을 실시하려 했지만, 형과 마찬가지로 무참히 살해되었다. 그라쿠스 형제의 개혁안이 좌절되면서 로마의 정치적 혼란은 더욱 극심해졌다.

무산자들의 불만은 갈수록 커졌어요. 일부 야심가들이 무산자들을 등에 업고 정치를 좌우하기 시작했어요. 그 대표적인 인물이 카이사르예요. 카이사르는 군인들과 무산자들, 동맹국 주민들의 지지를 바탕으로 여러 가지 개혁안을 힘으로 밀어붙였어요. 군인들과 무산자들, 동맹국 주민들은 카이사르의 독재 정치에 환호를 보냈지요.

카이사르

가난한 사람들의 지지를 바탕으로 제대 군인과 무산자들에게 식민지의 토지를 나눠 주고 동맹국 주민들을 시민으로 받아들이는 등 개혁에 앞장섰다. 기원전 44년에 원로원 의원들에게 암살당했다.

카이사르의 양자 옥타비아누스가 황제에 오르면서 로마는 공화정을 마감하게 된다.

일부 귀족들이 공화정을 지키겠다며 카이사르를 암살했지만, 공화정을 뒷받침하던 평민들이 몰락한 마당에 어떻게 공화정을 지킬 수 있었겠어요? 군인들과 무산자들, 동맹국 주민들을 합쳐서 로마 시민들의 대부분은 공화정을 귀족들의 이권이나 지켜 주는 낡은 정치 체제로 보고 있었어요.

마침내 카이사르의 양자인 옥타비아누스가 경쟁자들을 무찌르고 최초의 황제에 올랐어요. 로마는 이제 공화정을 끝내고 제정* 시대로 접어들었어요.

그런데 이렇게 로마를 공화정에서 제정으로 바꾼 바탕에는 정복지에서 수입한 값싼 밀이었어요. 값싼 수입 농산물이 한 나라의 정치와 사회에 어떤 영향을 미치는지 고대 로마는 똑똑히 보여 주지요.

공화정과 제정

공화정은 국가를 다스리는 주권이 한 사람에게 있지 않고 여러 사람들에게 있는 정치 형태이다. 로마는 기원전 509년에 왕정을 폐지하고 공화정을 실시했다. 로마 시민들은 민회에서 로마를 다스리는 행정과 군사를 맡을 관리들을 뽑는 한편, 법률 제정, 재판, 전쟁과 외교 등 나랏일을 직접 결정했다. 제정은 국가를 다스리는 주권이 황제 한 사람에게 있는 정치 형태이다. 기원전 27년에 옥타비아누스가 민회와 원로원을 무력화시키고 로마를 실질적으로 다스리면서 시작되었다.

밀과 로마의 멸망

로마가 제정으로 바뀐 직후에는 제대 군인들과 무산자들에게 정복지를 나눠 주면서 평민 계급이 다시 튼튼해졌어요. 하지만 그 뒤 무능한 이들이 황제에 올라 횡포를 부리면서 황제의 권위는 땅에 떨어지고 말았어요. 나중에는 군인들이 군대의 힘을 바탕으로 황제에 오르는 일까지 벌어졌으니까요. 황제는 권력을 지키려고 귀족들과 손을 잡았어요. 귀족들의 위세는 갈수록 대단해져 갔어요.

귀족들은 정복지의 대농장에서 노예를 부려 밀을 대규모로 재배했어요. 값싼 밀이 제국을 휩쓸었지요. 값싼 밀은 평민의 몰락을 더욱 부추겼고, 로마 사회를 튼튼하게 떠받치던 평민 계급은 이름만 남았어요. 그러자 로마는 몸통인 평민은 약해지고, 머리인 귀족만 발달하는 기형적인 사회가 되었어요.

자신의 돈으로 무기와 갑옷을 사 전쟁에 참여했던 평민 계급이 무너졌으니 어떤 결과가 생겼겠어요? 평민의 몰락은 로마 군대의 약화로 이어졌어요. 이제 로마는 자신의 힘만으로는 나라를 지킬 수 없게 된 거예요.

로마 제국은 고민에 빠졌어요. 고민하면 답이 나온다 했던가요? 아주 좋은 묘책이 나왔어요. 바로 외국 사람들을 돈으로 고용해 나라를 지키게 하는 거였어요. 이렇게 돈을 받고 남의 나라 군인으로 일하는 사람을 용병이라고 해요.

로마 제국은 국가 재정으로 직업 군인, 즉 용병을 고용해 나라를 지켰어요. 주로 로마 제국 바깥의 야만인들이 용병 일을 했는데, 지금으로 치면 독일과 동유럽에 살던 게르만 족이었어요. 처음 얼마 동안은 괜찮았어요.

하지만 몽골 고원에서 중국을 위협하던 흉노족이 4세기경에 중앙아시아로 터전을 옮기는 일이 일어났어요. 흉노족은 농사를 짓지 않고 말이나 양을 키워 먹고 사는 유목 민족이에요. 말이나 양의 먹이는 뭘까요? 바로 풀이에요. 당시 흉노족은 중국과의 싸움에서 패하는 바람에 몽골 고원의 목초지를 지켜내지 못하고 중앙아시아로 쫓겨났어요.

중앙아시아로 터전을 옮긴 흉노족을 보고 유럽인들은 훈 족이라고 불러요. 훈 족의 전투력은 무시무시했어요. 어려서부터 말을 타고 놀던 유목 민족이라 말 위에서 쏘는 화살은 그야말로 백발백중이었지요.

훈 족에게 로마 제국 바깥의 게르만 족은 식은 죽 먹기나 다름없었어요. 훈 족의 경기병은 멀리서 활을 쏘아 조금씩 피해를 입힌 다음, 대열이 흐트러지면 돌격해 끝장을 냈어요.

훈 족의 침입에 놀란 게르만 족은 훈 족을 피해 서쪽으로 이동을 해야 했지요. 붙었다 하면 크게 깨져 죽거나 노예가 되는데, 어느 누가 배짱 좋게 제 자리를 지키겠어요.

동유럽에 살던 게르만 족이 훈 족의 침입을 피해 서쪽으로 이동하면서 독일에 살던 게르만 족도 덩달아 서쪽과 남쪽으로 이동*할 수밖에 없었어요. 죽음으로 내몰린 동유럽 게르만 족과 맞붙었다가 큰코다쳤거든요.

> **게르만 족의 대이동**
>
> 훈 족의 침입이 게르만 족의 연쇄 이동으로 이어진 이 사건을 세계사에서는 '게르만 족의 대이동'이라고 한다.

게르만 족이 로마 제국 안으로 물밀듯이 쏟아져 들어왔어요. 결국 로마 제국은 476년에 게르만 족 용병 대장 오도아케르의 공격을 받아 멸망하고 말았어요. 동로마 제국은 게르만 족의 침입을 잘 막아 내어 1453년까지 명맥을 유지했지요.

훈 족의 침입은 게르만 족의 연쇄 이동을 불러왔고, 이로 인해 로마 제국은 역사 속으로 사라지고 만다.

밀의 수입을 막아서 영국인은 배고프다!

게르만 족은 농경 민족이 아니라 수렵 민족이자 유목 민족이에요. 그러다 보니 게르만 족이 밀을 대하는 태도는 아시아의 농경 민족들이 쌀을 소중히 여기는 태도와 크게 달랐어요.

아시아의 농경 민족들에게 쌀은 생활이요, 생명이에요. 벼농사는 세상의 근본이라 쌀은 국제 교역의 대상이 될 수 없다고 생각하지요.

하지만 게르만 족들에게 생활이자 생명은 가축이지 밀이 아니에요. 유럽 요리가 대부분 고기 요리인 것도 이 때문이에요. 빵과 채소 샐러드는 곁들여 먹는 음식일 뿐이지요.

유럽 인들은 밀을 수입하기도 하고

농경 민족인 아시아 인들과는 달리 유럽 인에게 밀은 사고파는 교역의 대상이다.

수출하기도 하는 것을 당연하게 생각했어요. 로마 제국에서 밀의 수출입이 성행한 것도 밀의 국제 교역을 당연하게 받아들이게 만들었지요.

15~17세기에 이르는 대항해 시대 이후 유럽 인들은 아시아, 아프리카, 아메리카, 오스트레일리아 등을 정복해 식민지로 만들었어요. 특히 아메리카와 오세아니아에 정착한 유럽의 정복자들은 대규모 밀 농장을 만들어 값싼 밀을 대량 생산했어요. 그러고는 이 밀을 유럽에다 내다 팔았지요. 이들에게 밀은 세계 어디로나 팔 수 있는 상품일 뿐이었으니까요. 그런 사람들에게 식량이 생활이요, 생명이라는 아시아 농경 민족의 생각은 도저히 이해할 수 없는 외계인들의 생각일 뿐이에요.

그런데 18세기 말과 19세기 초, 영국에서 귀족들이 밀의 수입을 막아 수많은 사람들이 배고픔에 괴로워한 일이 있어요.

이때 영국은 산업 혁명으로 도시에서 일하는 공장 노동자들이 빠르게 늘어나던 시기였어요. 한때는 귀족들이 밀보다 비싼 양털을 얻기 위해 밀을 기르던 땅에 울타리를 두르고 양을 치는 게 유행*일 때도 있었어요. 밀농사를 짓던 농민들은 땅에서 쫓겨나 공장 노동자로 바뀌기 시작했지요.

그런데 귀족들이 예상치 못한 일이 벌어졌어요. 농민이 줄고 공장 노

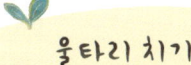
울타리 치기 운동

인클로저 운동이라고도 한다. 근세 초기의 유럽, 특히 영국에서 영주나 대지주가 목축업이나 대규모 농업을 하기 위하여 거칠거나 버려진 땅, 공동 방목장과 같은 공유지를 사유지로 만든 일을 말한다. 15~16세기의 제1차 인클로저와 18~19세기의 제2차 인클로저로 인하여 중소 농민들은 농업 노동자 또는 공업 노동자로 전락하였다.

동자가 늘어나면서 국내에서 밀이 부족해진 거예요. 밀이 부족해지자 밀 값이 크게 뛰었지요. 전에는 거들떠보지도 않던 밀농사가 이제는 수지맞는 장사가 된 거예요.

귀족들은 양을 기르기 위해 쳐 놓은 울타리를 허물고 목초지였던 땅에 다시 밀을 심기 시작했어요. 밀을 심는 귀족들이 늘어나면서 밀 값은 조금씩 떨어지기 시작했지만, 그래도 비싸기는 마찬가지였어요. 밀의 비싼 값을 그대로 유지하고 싶었던 귀족들이 해외 식민지에서 생산된 밀의 수입을 금지하는 곡물법을 의회에서 통과시켰거든요.

공장 노동자들은 하루 종일 뼈 빠지게 일해도 혼자 먹을 빵조차 사지 못할 지경이 되었어요. 당연히 노동자들의 불만이 커졌지요.

빵을 달라는 목소리가 영국 전역을 휩쓸었어요. 빵집을 습격하고 정

밀농사로 돈을 번 대부분의 의원들은 자신들의 이익을 위해 40여 년 간 밀 수입을 반대하고 나섰다.

부 기관을 공격하는 식량 폭동도 일어났어요. 기업가와 상인, 노동자들을 중심으로 식민지에서 값싼 밀을 수입해 빵 값을 낮추자는 소리가 터져 나왔어요.

하지만 의회는 요지부동이었어요. 의원들 대부분이 밀농사로 큰돈을 번 귀족들이었거든요. 귀족들은 국내의 밀농사를 보호하는 것이 영국 농민과 산업에 모두 이롭다며 수입 요구를 일축했어요. 영국 의회는 무려 40여 년 동안 기업가와 상인, 노동자들이 요구하는 밀의 수입을 막았어요.

영국에서 곡물법이 폐지된 것은 1846년의 일이에요. 아일랜드에서 터지기 시작한 감자 기근을 보고 영국에서도 대기근과 식량 폭동이 일어날까 두려워서 취한 조치였어요. 하지만 곡물법 폐지는 아일랜드의 감자 기근을 더욱 끔찍한 사건으로 만들었어요.

당시 아일랜드는 영국의 식민지였어요. 아일랜드의 농민들은 영국인 지주들의 땅을 빌려서 밀을 생산했어요. 소작료로 밀을 주고 나면 먹을 게 모자랐어요. 농민들은 자투리땅에 감자를 심었어요. 등이 휠 만큼 높은 소작료를 내고도 굶주리지 않을 수 있었던 것은 감자 덕분이었지요. 그런데 감자잎마름병이 유행해 감자가 말라 죽는 일이 벌어졌어요. 먹을 게 떨어진 농민들은 소작료로 내던 밀이라도 먹어 굶주림을 이겨 내려 했어요. 하지만 영국인 지주들은 군대와 경찰을 동원해 밀을 강제로 거두어 갔어요. 영국으로 수출하면 큰돈을 벌 수 있었거든요. 결국 아일랜드 농민들은 200만 명 이상이 굶어 죽고, 200만 명 이상이 굶주림을 피해 이민을 가야 했어요.

사라진 우리 밀을 찾아서

'우리 밀 살리기 운동'이라고 들어본 적 있나요? 우리 밀을 살리자는 구호를 보면 우리나라도 밀 농사를 지었다는 이야기인데요. 1950년대 초반까지는 남부 지방을 중심으로 늦봄부터 가을까지는 벼, 가을부터 늦봄까지는 보리, 쌀보리, 밀을 많이 심었어요. 늦봄에서 초여름에 밀을 거두어 국수를 뽑고 만두를 빚어 먹었지요.

6·25 전쟁이 터지면서 사정은 달라졌어요. 미국이 원조 물자라며 밀가루를 엄청나게 풀었거든요. 공짜로 나누어 주는 원조 밀가루는 굶주림을 해결하는 데는 큰 도움이 되었어요.

그렇다면 우리 밀은 어떻게 되었을까요? 우리 밀은 미국산 공짜 밀가루에 밀려 아예 사라지고 말았어요. 우리 밀이 사라지자, 미국은 밀가루를 제 값을 받고 팔기 시작했어요. 미국의 농민들은 우리나라에 밀을 팔아 큰돈을 벌었어요.

지금이야 쌀이 남아서 골치지만 1970년대 중반까지는 쌀이 모자라 힘들던 때였어요. 정부에서는 쌀 소비를 줄이려고 국수나 수제비를 먹으라고 분식 장려 운동까지 벌였지요. 국민들도 식비를 한 푼이라도 아끼려고 쌀에다 보리나 콩, 조를 섞어 잡곡밥을 지어 먹었어요. 지금이야 잡곡이 쌀보다 비싸지만 당시에는 훨씬 쌌거든요. 심지어 밀의 알곡을 보리쌀처럼 깎아 만든 밀쌀도 섞어 잡곡밥을 짓는 경우도 많았어요. 잡곡 중에서 가장 싼 게 밀쌀이었으니까요.

1980년대 들어서면서 우리나라는 가난에서 벗어났어요. 육류와 생선 소비가 급격하게 늘어난 것도 이때부터였어요. 사람들은 끼니를 때우던 것에서 벗어나 맛을 즐기기 시작했어요. 1990년대부터는 건강까지 생각하는 음식 문화가 발달하기 시작했어요. 몸에 좋은 각종 건강식품과 녹즙이 유행한 것도 이때예요. 외국에서 들여오는 밀가루가 몸에 좋은지 꼼꼼하게 따져보기 시작한 것도 이때부터입니다.

6·25전쟁 이후 미국은 우리나라에 밀가루를 원조 물자 삼아 대량으로 뿌렸다. 이후 굶주림은 어느 정도 해소되었지만 미국산 밀에 밀려 우리 밀은 아예 사라지고 말았다.

미국이나 캐나다, 오스트레일리아에서 수출한 밀이 우리나라 항구로 들어오는 데는 두 달 남짓 걸려요. 배에서 내려 통관 절차를 거친 다음, 제분 공장으로 가서 밀가루가 되기까지 한 달 이상 걸리고요. 무려 세 달 이상을 상온에서 보관해야 하기 때문에 썩지 말라고 농약을 듬뿍 뿌리고, 싹이 트지 말라고 성장 억제제를 듬뿍 뿌려요. 아무리 겉껍질을 깎아 낸다고 하더라도 농약과 화학 약품 성분이 조금씩 남아 있는 것은 어쩔 수 없어요. 이런 밀가루가 몸에 좋을 리 없겠지요.

미국산 밀가루는 이동 시간이 길어 썩지 말라고 많은 농약과 방부제를 뿌린다.

가뜩이나 빵이나 과자, 햄버거, 스파게티 같은 서양 음식이 각광받기 시작하던 때였어요. 서구식 음식 문화를 거부할 수 없다면 몸에 좋은 밀가루를 찾아보자는 생각에서 시작된 것이 우리 밀 살리기 운동이랍니다.

농촌에서 우리 밀을 다시 심은 것은 1989년부터예요. 경상남도 고성군 두호 마을에서 처음 심었지요. 농약과 방부제로 범벅이 된 수입 밀 대신 우리 밀을 길러 안전한 먹을거리를 제공하는 한편, 어려운 농가 경제에도 보탬이 되겠다며 2년 뒤인 1991년, 우리 밀 살리기 운동 본부가 만들어졌어요.

그동안 우리 밀은 수입 밀보다 최고 5배나 비쌌어요. 아무리 몸에 좋다고 해도 부담스러운 값이 아닐 수 없었지요. 하지만 2008년 들어 국제 밀 시세와 환율이 동시에 크게 오르면서 우리 밀과 수입 밀의 가격 차이는 1.5배로 줄어들었어요. 그러면서 우리 밀을 재배하는 농가도 크게 늘어났지요.

2009년에 우리 밀은 국내 밀 소비량 400만 톤의 0.8퍼센트인 3만 톤을 차지하고 있어요. 2017년에는 5퍼센트인 20만 톤으로 늘어나리라 예상하고 있답니다.

식량 위기와 우리 밀

밀은 부족하다고 해서 쌀처럼 터무니없이 오르는 법은 별로 없어요. 2배 이상 오른 적은 거의 없지요. 왜냐고요? 사람들의 주식이기도 하고 간식이기도 하기 때문이에요. 밀가루 값이 크게 오르면 사람들이 밀로 만든 간식을 사먹지 않고 다른 곡물로 만든 간식을 찾거든요. 그러면 밀의 수요가 줄어들고 값도 내리겠지요.

하지만 2008년부터 시작된 식량 위기는 심상치 않아요.

밀가루 빵을 주식으로 하는 이집트에서는 사람들이 국영 빵집에서 빵을 사려고 꼭두새벽부터 기나긴 줄을 섰어요. 수입하는 밀가루 값이 폭등하면서 시장에서 거래하는 값이 정부에서 고시하는 값보다 몇 배 뛰었어요. 개인 빵집에서 파는 빵과 국영 빵집에서 파는 빵도 값 차이가 몇 배 났지요.

학생들은 등교하는 대신 줄을 섰고, 직장인들도 출근하는 대신 줄을 섰어요. 국영 빵집에서 빵을 사서 절약하는 돈이 며칠 동안 일하는 것보다 이익이었으니까요. 학교가 텅 비고 공장이 멈췄어요. 국영 빵집에 빵이 떨어지기라도 하면 빵을 달라는 아우성으로 온 도시가 떠내려갈 정도로 소란스러웠어요.

정부에서는 새치기를 막겠다며 국영 빵집 앞에다 군인과 경찰을 풀었어요. 사람들의 불만이 정부로 번지는 것을 막겠다는 속셈이었지요.

멕시코에서도 옥수수 값이 크게 올라 사람들이 고통을 겪었어요. 2008년 한 해 동안 식량을 요구하는 시위와 폭동이 일어난 나라는 무려 40개를 넘었어요.

이처럼 밀을 비롯한 식량 부족은 당분간 계속될 것으로 보여요. 몸에도 좋고 농가 경제에도 보탬이 되는 우리 밀에 더 많은 관심이 필요한 때이기도 하지요.

제 3 장
고기 공장, 옥수수

주식으로, 간식으로,
식품 재료로 널리 쓰이는
옥수수가 바이오
에너지로 변신했다!
바이오 에너지,
꼭 필요할까?

고마운 옥수수

우리나라에서는 옥수수를 주로 간식으로 먹지만 라틴 아메리카 사람들은 옥수수 가루를 반죽해 빵으로 구워서 주식으로 먹어요. 옥수수는 쓰임새가 많은 작물이에요.

옥수수 식용유는 옥수수 씨눈에서 짠 기름으로 음식을 볶거나 튀길 때 쓰고, 옥수수 낟알을 볶아서 가루로 낸 다음 차로 마시기도 해요. 옥수수수염은 소변을 잘 나오게 하는 이뇨 작용과 혈압을 떨어뜨리는 혈압 강하 작용, 쓸개즙의 분비를 촉진하는 작용으로 신장 기능이 떨어져 몸이 잘 붓는 사람이나 혈압이 높은 사람, 비만인 사람, 몸에 열이 많은 사람들에게 좋아 끓여서 차로 마셔요. 요즘에는 아예 공장에서 우려서 차 음료로도 팔지요.

옥수수 줄기는 종이와 벽판의 재료로 쓰고, 옥수수 껍질 잎은 담이나 벽의 갈라진 틈을 메울 때 써요. 옥수수 속은 숯을 만들어 연료로 쓰거나 산업용 용매를 만들 때 쓰고요.

옥수수는 가공식품의 원료로도 많이 써요. 아침에 우유에 타 먹는 혼합 곡물식인 시리얼의 주재료도 옥수수예요. 말린 옥수수 씨알은 옥수수 녹말가루를 만들고, 이것은 고추장 같은 장류를 만들 때 들어가거나 탕수육 소스 등에 써요. 당면을 만들 때에도 들어가고요.

  이 뿐만이 아니에요. 옥수수 전분을 발효시키면 녹말이 당분으로 바뀌어요. 이를 옥수수 전분당이라고 하는데, 물엿, 액상 과당, 올리고당 등이 해당돼요. 옥수수 전분당은 과자, 음료수, 빙과류 등에 들어가니 옥수수가 얼마나 우리 생활과 밀접한지 알겠지요?

  또 하나, 옥수수 전분당에 효모를 넣고 다시 발효시키면 알코올로 변해요. 술이지요. 우리나라 전통주인 옥수수 술, 라틴 아메리카 원주민들의 전통주인 치차, 미국인들이 즐겨 마시는 버번위스키 등이 옥수수로 만든 술이랍니다.

옥수수는 우리 생활과 밀접하게 연관되어 있는 거의
대부분의 식품에 재료로 쓰일 만큼 쓰임새가 많고 다양하다.

또한 옥수수는 척박한 땅에서도 잘 자라는 작물이에요. 그래서 아프리카의 굶주림을 해결한 작물이기도 하지요. 옥수수 박사로 유명한 김순권은 나이지리아 국제 열대 농업 연구소의 초청으로 1979년에 아프리카로 건너가 17년 동안 아프리카 토양에 맞는 다수확 옥수수 품종을 연구 개발해 수많은 아프리카 사람들을 굶주림에서 구해 냈어요. 그 공로로 나이지리아에서는 두 번이나 명예 추장으로 추대했고요. 첫 번째는 가난한 사람들을 배불리 먹인 자라는 뜻의 마에군, 두 번째는 위대한 승리자라는 뜻의 자군몰루라는 이름을 얻었답니다. 지금도 김순권 박사는 북한 토양에 맞는 다수확 옥수수 품종을 널리 보급해 북한의 기아 문제를 해결하기 위해 노력하고 있어요.

세계에서 가장 많이 심는 옥수수

쓰임새가 워낙 많다 보니 옥수수는 곡물 중에서 가장 많이 심는 작물이다. 캐나다와 러시아의 북위 58°에서 남아메리카의 남위 40°에 이르는 방대한 지역에서 재배해 세계적으로 보면 매달 수확하는 작물이기도 하다. 미국이 세계 총생산량의 약 절반을 생산하는데, 이 가운데 약 5분의 2를 수출한다. 중국, 브라질, 멕시코, 아르헨티나가 그 뒤를 잇고 있다.

옥수수, 어디에서 왔을까?

옥수수는 아메리카 대륙이 원산지로 영어로는 '인디언 콘'이라고도 해요.

중앙아메리카 원주민들은 8500년 전에 처음 농사를 짓기 시작했어요. 멕시코 중부 테오티우아칸에서 칠리, 후추, 목화, 감자를 기른 것이 그 시초였지요. **옥수수는 7천 년 전부터 기르기 시작했는데, 지금처럼 맛도 좋고 수확도 많은 개량종 옥수수를 기른 것은 5500년 전의 일이에요.** 밀이나 쌀보다는 경작 시기가 좀 늦지요?

이때부터 옥수수는 아메리카 원주민들의 주식으로 사랑을 받았어요. 지금도 중앙아메리카와 남아메리카 사람들의 주식이기도 하고요.

옥수수 재배로 식량 생산이 늘면서 중앙아메리카 원주민들은 올메카, 테오티우아칸, 마야, 아스테카 문명 등 찬란한 문명을 잇달아 건설했어요. 신이 옥수수를 빚어 만든 사람이 오늘날 인류의 조상이라고 여기는 고대 마야 신화는, 중앙아메리카 원주민들이 옥수수를 얼마나 중요하게 여겼는지를 단적으로 보여 줘요.

사람은 옥수수 가루를 반죽해서 빚어낸 것이다!

옥수수를 주식으로 하는 중앙아메리카 원주민 사이에는 오래 전부터 전해져 오는 신화가 있어요. 바로 옥수수 사람에 관한 이야기예요.

케찰코아틀은 깃털 달린 뱀 모양의 신이었어요. 케찰코아틀은 하늘과 땅을 창조한 다음, 나무와 수풀, 짐승과 새를 만들었지요. 하지만 짐승과 새는 꽥꽥 소리를 지르거나 짹짹거리기만 했을 뿐, 신을 즐겁게 하는 노래도 못 부르고, 신을 우러러 제물을 바치지도 못했어요. 실망한 케찰코아틀은 짐승과 새들은 숲과 계곡에서 살면서 희생의 제물로 바쳐지는 운명으로 정했어요.

케찰코아틀은 진흙을 빚어 사람을 만들었어요. 하지만 물기가 많아 흐물흐물했으며, 힘이 없어서 잘 움직이지도 못했어요. 그래서 이번에는 좀 더 단단한 재질인 나무를 깎아 사람을 만들었어요. 나무 사람은 진흙 사람과 달리 힘도 세고 빠르게 움직여 짐승과 새도 곧잘 사냥했어요. 시간이 한참 흘렀어요.

나무 사람들을 지켜보던 케찰코아틀은 괘씸했어요. 나무 사람들은 케찰코아틀에게 노래를 불러 기쁘게 하지도 않았고, 우러러보며 제물도 바치지 않았어요. 심지어 케찰코아틀이 자기들을 창

조했다는 사실도 몰랐어요. 나무 사람에게는 영혼이 없었던 거예요. 화가 난 케찰코아틀은 나무 사람들에게 벌을 내리기로 마음먹었어요.

하늘에 구멍이라도 뚫린 듯 엄청난 폭우가 쏟아졌어요. 화산이 폭발하고 지진이 일어났어요. 나무 사람들은 급류에 휩쓸려 떠내려가고, 용암에 빠져 불타올랐고, 갈라진 땅속으로 곤두박질쳤어요. 이렇게 해서 나무 사람들은 심판을 받아 멸망하고 말았어요. 나무 사람 몇몇은 숲으로 들어가 가까스로 살아남았는데, 이들이 바로 원숭이랍니다.

케찰코아틀은 이번에는 옥수수 가루를 빚어 옥수수 사람을 만들었어요. 옥수수가 영험한 식물인지 옥수수 사람에게는 영혼이 있었어요. 옥수수 사람은 때마다 케찰코아틀에게 제사를 올렸어요. 농사지은 햇옥수수와 햇감자는 물론, 사냥해서 잡은 짐승과 새, 기르던 가축들도 감사의 제물로 바치니 제물을 올릴 제단이 모자랄 지경이었어요. 게다가 멀리 떨어진 곳에서 큰 돌을 끌고 와 네모나게 다듬어서 웅장한 건물도 쌓아올렸어요. 케찰코아틀을 모시는 피라미드와 신전이었지요. 케찰코아틀은 옥수수 사람들이 마음에 들었어요. 옥수수 사람들이 누구냐고요? 바로 오늘날 인류의 조상이랍니다.

이와 같은 고대 중앙아메리카 원주민들의 신화를 통해 중앙아메리카 사람들이 옥수수를 좋아할 뿐 아니라 신령스럽게 여기는 걸 알 수 있답니다.

콜럼버스가 아메리카로 간 사연

중앙아메리카에서나 볼 수 있던 옥수수가 어떻게 세계 모든 곳에서 기르는 작물이 될 수 있었을까요? 옥수수가 전 세계로 퍼져 나간 이야기를 하려면 저 멀리 십자군 운동 무렵으로 거슬러 올라가야 해요.

7세기에 아라비아 반도에서 출발한 이슬람교는 서남아시아와 북아프리카로 세력을 넓혀 11세기에는 발칸 반도의 동로마 제국을 넘볼 정

십자군들은 서남아시아에서 향신료를 발견하고는 누린내가 나는 고기에 양념을 해 먹었다.

도로 커졌어요. 동로마 황제는 로마 교황에게 구원을 요청했고, 로마 교황은 유럽 각국의 귀족들에게 십자군을 만들어 이교도를 섬멸하라고 호소했지요. 십자군에 가담한 유럽의 귀족들은 동로마를 넘어 서남아시아로 쳐들어가 이슬람교와 맞섰어요. 하지만 이슬람 세력은 만만치 않았어요. 십자군과 이슬람 세력은 무려 200년 동안 예루살렘을 놓고 일진일퇴를 거듭했어요. 결국 십자군 운동은 아무 성과도 얻지 못한 채 실패로 끝나고 말아요.

문제는 십자군에 가담한 유럽 각국의 귀족들이 서남아시아에 도착해 전쟁을 치르면서 후추, 정향, 육두구 등 향신료를 접하면서부터예요. 향신료로 양념한 고기 요리에서는 잡은 지 오래된 고기에서 나는 역겨운 누린내*가 하나도 나지 않았어요. 육질도 부드러워지고, 맛도 좋아졌고요. 게다가 식중독도 막아 주었으니 맛있는 음식을 먹고 싶은 귀족들은 향신료를 구하려고 갖은 애를 썼지요.

고기의 누린내

당시 유럽에서는 가을이 오면 이듬해 번식시킬 가축만 빼고 기르던 가축들을 한꺼번에 잡았다. 그러고는 고기를 서늘한 지하 창고나 땅속에 보관했다. 또는 햄이나 소시지로 만들어 참나무 연기에 그을린 다음 말리기도 했다. 하지만 얼음이 녹는 봄이나 뙤약볕이 따가운 여름이 되면 고기가 썩기 시작하면서 아주 역겨운 냄새가 났다.

당시에는 제노바, 피렌체, 베네치아 같은 이탈리아 도시 국가들이 지중해를 장악하고 향신료를 비롯한 동방 무역을 독점하고 있었어요. 특히 이들은 향신료를 팔아 막대한 이익을 남겼어요. 그리고 그렇게 벌어들인 어마어마한 돈으로 문화와 예술에 쏟아 부었어요. 14세기 이탈리아에서 르네상스, 즉 문예 부흥이 일어날 수 있었던 것은 바로 이 향신료 무역 때문이랍니다.

하지만 15세기에 들어서면서 이탈리아 도시 국가들의 동방 무역 독점은 포르투갈과 에스파냐에 의해 무너지고 말았어요. 포르투갈과 에스파냐는 이베리아 반도의 절반을 차지하고 있던 이슬람 세력에 맞서 오랫동안 전쟁을 벌였어요. 전쟁에서 이기려다 보니 귀족들이 왕을 중심으로 힘을 합쳤고, 왕권도 막강해졌어요.

그런데 강력한 왕권을 유지하려면 돈이 이만저만 드는 게 아니었어요. 귀족들의 도전을 막기 위해서는 왕 직속의 군대를 귀족들의 군대보다 훨씬 크게 꾸려야 했거든요. 수만 명의 군인들에게 월급도 주고, 무기도 사 주려면 얼마나 돈이 많이 들겠어요?

포르투갈과 에스파냐의 왕들은 돈을 구하려고 이리 뛰고 저리 뛰었어요. 바로 이때, 돈을 구하느라 골치를 앓던 왕들에게 탐험가들이 솔깃한 제안을 던졌어요. **배를 타고 인도로 가서 향신료를 가득 실어 오면 투자한 돈의 수십, 수백 배를 벌 수 있다는 거였지요.** 어떤 탐험가는 아프리카 끝단을 돌아가면 인도로 갈 수 있다고 주장했고, 다른 탐험가는 지구가 둥글기 때문에 대서양을 건너면 인도로 갈 수 있다고 주장했어요.

포르투갈 왕이 먼저 탐험가들에게 과감하게 투자했어요. 먼 바다를 항해할 수 있는 크고 튼튼한 배와, 배를 모는 데 필요한 선원들, 선원들의 임금과 식료품비, 인도로 싣고 가서 팔 물건들을 왕이 모두 댔지요. 포르투갈 왕의 투자는 디아스의 희망봉 발견으로 이어졌어요. 이제 인도로 가는 길이 보인 거예요.

　이웃 나라 포르투갈의 성공에 누구보다 배가 아팠던 것은 에스파냐 왕이었어요. 에스파냐 왕은 포르투갈 왕을 본떠 탐험가들을 수소문했어요. 그때 찾아온 이가 콜럼버스였어요.

　"희망봉을 돌아 인도로 가는 길은 포르투갈이 먼저 차지했습니다. 하지만 실망하지 마십시오. 다른 항로를 찾으면 되니까요. 대서양을 가로질러 서쪽으로 계속 가다 보면 인도가 나올 것입니다."며 왕을 설득했어요. 에스파냐 왕은 콜럼버스의 제안을 받아들였어요.

　1492년, 콜럼버스는 대서양을 건넜어요. 멀리 육지가 보였어요. 콜럼버스는 그곳이 인도라고 믿었어요. 하지만 사실은 카리브 해의 서인

희망봉을 찾아 나섰던 콜럼버스는 향신료 대신 원주민들의 특산품을 가득 싣고 돌아오게 된다.

도 제도였어요. 인도가 아니니 향신료가 있을 리 없지요. **콜럼버스는 원주민들의 보잘것없는 특산물들을 사들여 돌아왔고, 에스파냐 왕은 엄청난 손해만 보고 말았어요.**

얼마 뒤 탐험가들은 콜럼버스가 발견한 곳이 인도가 아니라 아메리카 대륙이라는 것을 알아냈어요. 탐험가들은 향신료를 찾아 헤맸지만, 그 어디에도 바라던 향신료는 없었어요. 탐험가들은 고작해야 옥수수, 감자, 고구마 같은 신대륙 작물만 가지고 돌아와야 했지요. 유럽에서는 볼 수 없던 작물을 아메리카 원주민들이 맛있게 먹고 있었거든요. 이렇게 해서 옥수수, 감자, 고구마가 유럽으로 전해졌답니다.

아시아로 전해진 옥수수

처음 옥수수를 맛본 유럽 인들은 깜짝 놀랐어요. 쫀득쫀득 찰기가 있어 씹는 맛이 일품인데다 씹으면 씹을수록 단맛이 우러나왔어요. 옥수수를 갈아 스프를 만들었더니 꿀을 넣은 듯 단맛이 강해졌어요. 하지만 옥수수는 더위에 강하고 추위에 약해 유럽의 풍토에는 맞지 않아 감자나 고구마에 비해 많이 심지는 않았어요. 귀족들을 위한 고급 요리 재료로 조금씩 재배할 뿐이었지요.

옥수수는 얼마 뒤 아프리카와 아시아를 오가던 유럽의 무역 상인들을 통해 아프리카와 아시아로 퍼져 나갔어요. 특히 날씨가 덥고 비가 많이 오는 양쯔 강 이남의 중국과 동남아시아의 풍토에는 옥수수가 잘 맞았어요.

중국인들은 윤기가 자르르 흐르는 크고 하얀 낟알이 옥을 닮았다며 '옥미', '옥촉려'라는 이름을 붙였어요. '옥미'는 옥으로 만든 쌀, '옥촉려'는 옥으로 만든 촉 지방의 쌀이라는 뜻이에요. '옥수수'는 수수를 닮은 작물이 옥색을 띤다며 붙인 이름이에요. 옥수수는 '강냉이'라고도 하는데, 중국 양쯔 강 이남의 강남 지방에서 들어온 쌀을 뜻하는 '강남이'가

'강낭이'를 거쳐 '강냉이'로 바뀌었대요.

　옥수수는 맛도 좋은데다 수확량도 벼에 못지않게 많아요. 그렇다고 벼를 심을 논에다 옥수수를 심을 수는 없었어요. 그래서 매달린 것이 품종 개량이었어요. 중국인들은 노력에 노력을 거듭한 끝에 가물고 척박하고 추운 땅에서도 잘 자라는 품종을 얻는 데 성공해요.

　임진왜란 이후인 16세기에 우리나라에 들어온 품종도 가물고 척박하고 추운 땅에서도 잘 자라는 개량종이었어요. 척박하고 추운 땅에서도 잘 자라는데다 수확량이 엄청난 작물이 들어오자 강원도와 평안도, 함경도 산간벽지의 가난한 백성들은 산비탈에 밭을 일구고 옥수수를 심었어요. 그때부터 옥수수는 가난한 백성들의 허기를 면하게 해 주는 구황 작물이자 주전부리로 크게 사랑받았어요.

　지식인들도 옥수수의 쓰임새에 주목해 옥수수를 널리 퍼뜨리려고 노력했어요. 조선 후기 숙종 때 홍만선이 지은 선진 농법서인 『산림경제』에 옥수수 재배법이 자세하게 실려 있는 것은 이런 까닭에서랍니다.

유럽 상인들에 의해 아프리카와 아시아로 전파된 옥수수는 가난한 백성들을 굶주림에서 벗어나게 하는 구황 작물로 크게 사랑받았다.

가축의 사료가 된 옥수수

사실 옥수수 생산량 중에서 사람들이 먹는 양은 그리 많지 않아요. 라틴 아메리카 사람들만 옥수수를 주식으로 하는데, 고작해야 33개국에 6억 명 남짓이거든요. 세계 인구의 10분의 1이 채 안 돼요.

그런데도 옥수수 생산량은 쌀과 밀을 제치고 1위를 차지하고 있어요. 그 까닭은 무엇일까요? 옥수수는 소나 말, 양 등 가축이 좋아하는 먹이라 가축의 사료로 많이 쓰이기 때문이에요.

18~19세기에 영국에서 산업 혁명이 시작된 이후 프랑스, 독일, 이탈리아, 미국 등 서구 선진국들은 과학 기술이 뒷받침되지 않으면 산업이 발전할 수 없다는 것을 깨달았어요. 이들 나라는 산업 혁명에 성공한 영국을 따라잡으려면 과학 기술에서 영국을 앞서지 않으면 안 된다고 생각했어요. 이들 나라는 과학자와 기술자를 우대하는 한편, 될성부른 과학 기술 연구를 골라 국가적 차원에서 돈을 쏟아 부었어요. 이른바 과학 혁명의 시대가 열린 거예요.

전기 공학의 발달은 19세기 말 아메리카 대륙과 유럽 대륙을 오가는 냉동선의 취항으로 이어졌어요. 아메리카 대륙의 드넓은 초원에서 놓아서 기른 값싼 냉동 쇠고기가 유럽 대륙으로 물밀 듯이 밀려들었어요. 고기 값이 비싸 일 년에 몇 차례 먹어보지 못하던 가난한 노동자와 농민들은 아메리카산 쇠고기에 열광했어요. 매주 빠짐없이 먹어도 될 만큼 값이 쌌거든요. 너도 나도 아메리카산 쇠고기를 사먹게 되면서 아메리카산 쇠고기의 수요는 갈수록 늘어났고, 값도 점점 올랐어요.

미국과 캐나다, 아르헨티나 등 드넓은 초원을 가진 나라들에서는 소를 길러 유럽에 내다파는 목장이 여기저기에서 생겨났어요. 목장이 늘어나면서 기르는 소의 수도 크게 늘어났어요. 얼마나 소가 많아졌는지 소 먹일 풀이 모자랄 지경이었지요. 소를 먹이려고 소가 좋아하는 사료용 목초를 길러야 할 판이었어요.

고기 공장, 옥수수

20세기 들어 축산업이 기업 형태로 발전하면서 가축의 사료로 옥수수가 널리 이용되면서 생산량이 크게 증가했다. 이후 옥수수를 '고기 공장', '단백질 공장'이라고 부르기도 한다.

소에게 어떤 사료를 먹일까 고민하다 고른 것은 옥수수*였어요. 옥수수 알곡은 사람들이 먹고 줄기와 잎, 껍질잎은 소에게 먹일 수 있었거든요. 옥수수가 너무 많이 생산되어 옥수수 값이 폭락할라 치면 소에게 먹이면 되었죠. 소에게 옥수수 알곡을 먹이면 시장에 내놓는 옥수수 물량을 줄일 수 있고, 옥수수 물량이 줄어들면 옥수수 값을 평년 수준으로 유지할 수 있거든요.

그런데 옥수수 낟알을 먹인 소는 줄기와 잎, 껍질 잎을 먹인 소보다 성장 속도가 훨씬 빨랐어요. 성장 속도가 워낙 빠르다 보니 옥수수 낟알을 먹이는 게 줄기와 잎, 껍질 잎을 먹이는 것보다 경제적일 정도였어요. 옥수수 낟알을 먹여 소를 기르는 경우가 갈수록 늘어났어요. 옥수수 수요가 크게 늘어난 거예요. 옥수수 재배 면적도 갈수록 늘어났지요.

문제는 옥수수 재배 면적을 무한정 늘릴 수는 없다는 거예요. 옥수수를 심을 땅은 한정되어 있거든요.

소에게 옥수수를 먹이면 먹일수록 사람들이 먹을 옥수수의 물량은 줄어들어요. 바야흐로 옥수수를 놓고 소와 사람이 경쟁하는 시대가 왔어요.

더 많은 수확을 위해 옥수수의 품종 개량이 이루어졌다. 이후 옥수수의 생산량은 크게 늘었지만 가격은 폭락하는 사태가 이어졌다.

사람들은 더 많은 수확을 올리는 품종으로 개량해 옥수수 생산량을 늘림으로써 옥수수를 둘러싼 소와 사람 사이의 경쟁을 없애려고 했어요. 품종 개량에 성공하면서 옥수수 생산량은 크게 늘어났어요. 그러자 옥수수 값이 폭락했어요.

옥수수에 대한 새로운 수요를 만들지 않는 한 옥수수 재배 농가들이 큰 손해를 보는 것은 불을 보듯 훤했어요. 미국, 캐나다, 오스트레일리아 등 옥수수 수출국은 새로운 수요를 찾느라 안간힘을 썼어요.

이들 나라가 마침내 찾아낸 것이 바이오 에너지였어요.

바이오 에너지, 식량의 블랙홀

1980년대 말부터 환경 문제는 인류가 해결해야 할 전 지구적인 문제로 떠올랐어요. 스프레이 제품, 냉장고나 에어컨의 냉매, 반도체나 정밀 부품의 세척제로 쓰이는 프레온 가스와 소화기에 쓰이는 할론 가스가 성층권의 오존층에 구멍을 내 피부암을 일으키는 자외선 양을 늘리고, 지구 온난화를 이끈다는 게 밝혀졌어요.

더욱 중요한 것은 이산화탄소가 지구 온난화를 이끄는 주범이라는 거예요. 완전 연소를 돕는 장치로 대기 오염 물질을 줄이거나, 프레온 가스와 할론 가스를 대신할 대체 물질을 개발하는 것만으로는 지구 온난화를 막을 수 없다는 뜻이에요. 전 지구적인 공동 노력이 없으면 인류의 멸망을 피할 수 없다는 소리가 메아리처럼 퍼져 나갔어요.

지구 온난화를 막기 위한 국제 협약인 기후 변화 협약 제3차 당사국 총회가 1997년 일본 교토에서 열렸어요. 전 세계 모든 나라들의 대표가 한자리에 모여 지구 온난화를 막기 위한 대책에 합의했어요. 이 자리에서는 이산화탄소 등 6개 가스를 온실 가스로 규정하고, 이들 온실 가스를 2012년까지 1990년 수준보다 최소 5% 이상 줄일 것을 결의했어요. 심지어 이를 어기는 나라는 교역에서 불이익을 주는 등 경제 보복을 하기로 약속했지요.

이때부터 세계 여러 나라는 온실 가스 배출을 줄이는 신재생 에너지 개발에 힘을 쏟기 시작했어요. 신재생 에너지란 태양열, 지열, 수력, 조력, 풍력은 물론, 식물을 발효시켜 얻는 바이오 에너지, 음식물 쓰레기를 비롯한 각종 폐기물을 분해해 얻는 에너지처럼 에너지 순환 과정을 통해 거의 무한정 얻을 수 있는 에너지 자원을 말해요.

당시 새롭게 각광받은 대체 에너지는 바이오매스*와 수소 연료 전지였어요. 둘 다 지구 온난화와 환경 오염을 막아 줄 깨끗한 대체 에너지인데다,

바이오매스

바이오매스는 유기 화합물을 박테리아로 분해해 바이오 에너지로 만드는 것을 말한다. 음식물 쓰레기를 박테리아로 분해해 메탄이나 프로판 가스를 뽑아낸 다음, 가정용이나 산업용, 자동차용 연료로 쓰는 음식물 쓰레기 자원화 시설 같은 것을 가리키는데, 브라질의 설탕 회사에서 폐당밀이나 당밀을 박테리아로 분해해 에탄올로 만드는 것도 바이오매스의 일종이다.

높은 과학 기술 수준을 요구하지 않았거든요.

    1980~1990년대 유럽, 미국, 일본 등 세계 여러 나라는 경쟁적으로 바이오매스 연구에 뛰어들어요. 재미있는 것은 유럽이 음식물 쓰레기 자원화 시설과 같이 에너지도 절약하고 환경 오염도 줄이는 방향으로 바이오매스 연구 방향을 잡았다면, 미국은 아예 작물에서 바이오 에탄올을 뽑는 방향으로 나아갔다는 거예요. 세계 최대의 농업 국가다운 생각이었지요.

    그런데 문제는 바이오 에탄올을 뽑는 작물이 옥수수라는 거였어요.

    옥수수는 밀에 이어 두 번째로 국제 교역량이 많은 작물로, 미국에서 세계 무역량의 절반을 수출해요. 라틴아메리카 사람들의 주식인데다 다른 지역 사람들의 부식과 간식, 갖가지 가공 식품의 원료이지요. 가축들이 먹는 복합 사료의 핵심 곡물이고요.

자연에서 일어나는 현상을 통해 얻을 수 있는 태양열, 지열, 수력, 조력, 풍력 등의 에너지는 온실 가스 배출을 줄일 수 있는 신재생 에너지다.

사탕수수, 밀, 옥수수, 감자, 보리, 고구마 등의 녹말 작물에서 얻는 바이오연료를 바이오 에탄올이라고 한다. 화석 연료와 달리 환경 오염 물질이 전혀 없고, 식물로부터 연료를 얻기 때문에 언제든지 재생이 가능하다.

그렇다면 미국이 옥수수에서 바이오 에탄올을 뽑으면 어떤 일이 일어날까요?

첫째, 미국이 세계 옥수수 값을 조절할 지렛대를 가지게 돼요. 미국은 옥수수 생산량이 높을 때에는 바이오 에탄올 생산을 늘려 옥수수 값이 폭락하는 것을 막아 이익을 얻고, 옥수수 농사가 흉년이거나 옥수수 값이 뛰어오를 때에는 당연히 더 비싼 값에 팔 수 있어요. 부식이나 간식으로 먹는 지역은 값이 오르면 안 먹으면 그만이에요. 하지만 옥수수를 주식으로 하는 가난한 라틴아메리카 사람들은 굶지 않기 위해서 옥수수를 사야 해요. 복합 사료로 키우는 가축도 살리려면 값이 올라도 옥수수를 사야 하지요.

둘째, 석유 값이 오르는 것을 막을 수 있는 방패를 손에 쥐었어요. 바이오 에탄올을 자동차 연료로 쓰는 만큼 석유 수입을 줄일 수 있으니까요.

셋째, 바이오 에탄올을 자동차 연료로 쓰면 자동차에서 나오는 이산화탄소와 각종 대기오염 물질을 크게 줄일 수 있어요. 지구 온난화와 대기오염을 막을 수 있다는 것이지요. 환경 오염을 줄여 미국인들이 좀 더 쾌적한 환경에서 살 수 있도록 하는 한편, 교토 의정서에 서명하지 않아서 뒤집어 쓴 지구 온난화와 환경 오염의 주범이라는 이미지도 줄일 수 있어요.

마지막으로 이게 중요한데요, 세계 무역 기구는 바이오 에탄올을 뽑는 작물 농사에 농업 보조금을 줄 수 있도록 하고 있어요. 지구 온난화

와 환경 오염을 막기 위해 주는 이른바 '착한' 농업 보조금이라는 것이지요. 옥수수 농사를 짓는 농민과 농업 회사에 막대한 농업 보조금을 줄 수 있는 합법적인 길이 열린 거예요. 그러지 않아도 세계 최대의 농업 대국인 미국에 날개를 달아 준 거예요.

세계 여러 나라 사람들, 특히 라틴아메리카 사람들은 미국이 옥수수에서 바이오 에탄올을 뽑는 것을 근심의 눈으로 바라보고 있어요. 미국이 바이오 에탄올을 뽑는 옥수수의 양을 늘릴수록 옥수수 공급량이 줄어들 거라는 거예요. 옥수수 공급이 줄면 옥수수 값이 뛸 거라는 것이지요.

2008년, 식량 위기가 세계를 강타했을 때의 일이에요. 옥수수 생산량은 별로 줄지 않았는데 옥수수 값은 많이 올랐어요. 2008년 상반기 석유 값이 140달러를 넘어서자, 미국이 바이오 에탄올 생산을 크게 늘렸거든요. 그 때문에 미국은 옥수수 수출을 줄였고, 옥수수 값은 크게 뛰었어요. 괜한 걱정이 아니었던 거예요.

"자동차를 굴리려고 사람을 굶기고 가축을 죽일 거냐?"

미국이 옥수수에서 바이오 에탄올을 뽑는 문제를 인도적인 문제로 접근하는 사람이 점점 늘고 있어요. 하지만 미국 정부와 농장주들, 곡물 기업들은 사정을 잘 모르고 하는 이야기라며 콧방귀를 뀌지요.

"바이오 에탄올을 뽑는 옥수수는 유전자 조작으로 생산성을 크게 높인 다수확 신품종이다. 미국은 바이오 에탄올을 뽑더라도 전혀 문제가 없을 만큼 더 많은 양의 옥수수를 생산하고 있다. 공급량이 줄어 값이 오르는 걸 걱정할 필요 없다." 이러면서요.

과연 그럴까요? 유전자 조작 옥수수는 바이오 에탄올을 뽑는 데만 쓸까요? 식량과 사료로 쓰는 옥수수는 유전자를 조작하지 않은 재래종 옥수수일까요? 재래종 옥수수는 전 세계 사람과 가축을 먹일 만큼 충분한 걸까요? 갈수록 의문만 많아질 뿐입니다.

미국 바이오 에탄올 산업의 현재와 미래

현재 미국에는 옥수수로 바이오 에탄올을 만드는 100여 개의 공장이 가동 중이다. 이 가운데 최대 규모를 자랑하는 사우스다코타 주의 베라선 공장은 연간 1억 2천만 갤런의 에탄올을 생산하고 있다. 2007년에는 40억 갤런(182억 리터)의 바이오 에탄올이 연료 첨가제로 쓰였다. 이는 전체 휘발유 소비량의 2퍼센트, 에너지 용량의 1.3퍼센트에 해당한다.

2007년 바이오 에탄올의 세계 총 생산량은 2,700만 킬로리터다. 브라질이 가장 많은 1,100만 킬로리터로 약 40퍼센트를 생산하고, 미국이 700만 킬로리터, 중국이 290만 킬로리터, 인도가 170만 킬로리터, 러시아가 120만 킬로리터로 뒤를 잇고 있다. 유럽 연합(EU)에 속하는 나라를 모두 합치면 200만 킬로리터다. 바이오 에탄올 세계 무역량은 300만 킬로리터 정도이다.

무서운 옥수수

인류를 굶주림에서 구한 고마운 옥수수가 오늘날 사람들의 건강을 해칠지도 모르는 위기에 처해 있어요.

유전 공학 기술로 만들어진 유전자 조작 작물 중 1위가 콩이고, 2위는 옥수수거든요. 우리나라도 2008년에 세계에서 처음으로 유전자 변형 옥수수를 식용(가공 식품 원료)으로 5만 7천여 톤을 수입해서 큰 논란을 불러일으켰어요.

이렇게 식품 회사들이 수입한 옥수수는 주로 옥수수 전분용으로 수입했는데, 옥수수 전분은 고추장이나 탕수육 소스, 당면을 만들 때 써요. 옥수수 전분을 발효시켜 만든 옥수수 전분당은 물엿의 주성분이고, 과자, 음료수, 빙과류 등에 들어가는 액상 과당, 올리고당 등도 옥수수 전분당이에요. 정말 우리가 매일 먹는 것들이라서 무서운 일이에요.

문제는 유전자 조작 옥수수가 인체에 해로운지 알 수 없듯, 유전자 조작 옥수수로 만든 옥수수 전분과 옥수수 전분당이 인체에 해로운지 누구도 알지 못한다는 거예요.

해결책은 단 하나, 유전자 조작 농산물 표기를 더욱 강화하는 방법

우리가 먹는 음식의 원산지 표기는 유전자 조작 농산물 피해에서 우리를 구하는 최소한의 일이다.

밖에 없어요. 특히 주된 원료뿐만 아니라 부수적인 원료도 원산지와 유전자 조작 여부를 일일이 꼼꼼하게 적도록 해야 해요.

    현명한 소비자라면 건강을 위협하는 유전자 조작 농산물을 사 먹진 않겠지요?

제 4 장
세계인을 굶주림에서 구원한
감자와 고구마

악마의 열매라 불리던
감자는
영국의 **산업 혁명**을
이끌었고,
중국의 인구 폭발을
불러일으킨 **고구마**는
이제 건강식으로
각광받는다.

감자가 악마의 열매라고?

감자는 16세기 중엽에야 라틴아메리카에서 유럽으로 들어왔어요. 우리가 감자라고 부르는 것은 땅속줄기에서 마디가 뻗어 나와 끝이 부풀어 오른 덩이줄기를 말해요. 울퉁불퉁하게 생긴 모양이 종양을 닮은 데다 칼로 자르면 얼마 안 있어 색깔이 거무스름하게 변하는 게 꺼림칙해 처음에는 아무도 먹지 않고 관상용 식물로만 심었지요.

감자를 오래 보관하면 햇빛을 쬐어 파랗게 싹이 트는데, 감자 싹이나 파랗게 변한 부분에는 솔라닌이라는 독소가 들어 있어요. 먹으면 호흡이 곤란해지고, 구토와 설사를 하며 두드러기가 나요. 감자 싹을 20개 이상 먹으면 죽을 수도 있대요.

이렇다 보니 사람들은 감자를 '악마의 열매'라 부르며 싫어했어요. 1748년에 프랑스에서 나온 요리책 『수프 학교』에는 감자가 한센 병(나병)을 일으킨다고 먹지도 말고, 심지도 말라는 황당한 이야기가 실려 있어요. 이렇듯 사람들이 기피하다 보니 감자는 가축에게나 먹이려고 사료 작물로나 길렀지요.

감자는 생긴 모양도 이상하고 파란 싹은 독을 품고 있어
처음에 사람들은 악마의 열매라며 먹지 않았다.

　감자는 원산지가 라틴 아메리카 안데스 산지의 페루와 볼리비아예요. 이들 지역은 적도에 가까운 열대 지방이지만 높은 산지가 발달해 기온이 낮아요. 해발고도가 낮은 곳은 열대이지만, 산 정상으로 올라갈수록 기온이 떨어져 아열대·온대·한대가 나타나지요. 그래서인지 감자는 온대 지방이면 어디에서나 기를 수 있는데, 거칠고 메마른 땅에서도 잘 자라고 가뭄과 추위에도 강해요.

　게다가 감자는 기르기도 너무 쉬워요. 싹눈이 가운데 오도록 적당한 크기로 잘라 자른 면이 밑으로 가게 심은 뒤 흙을 5센티미터 정도 덮으면 끝이거든요. 줄기만 심어도 감자가 자라는 경우도 있어요. 감자는 심은 지 100일이면 수확할 수 있는데다 수확량도 많아요. 별다른 노력 없이도 심은 지 100일만 지나면 바로 먹을 수 있다는 말이에요.

먹을 게 없어 굶주림을 이겨 낼 수 없을 때 먹는 구황 작물로는 제격이지요.

사흘 굶어 도둑질 아니 할 놈 없다는 말이 있어요. 그만큼 굶주림이 무섭다는 뜻이지요. 배고픔을 못 견딘 사람들은 굶어 죽을 수는 없단 생각에 마소에게나 먹이는 감자를 삶아서 먹어 봤어요. 그런데 생각과 달리 아무 탈도 없는 데다 맛도 좋았어요.

이같은 경험에 힘입어 18세기에 들어서면서 기근으로 괴로움을 당하던 독일과 아일랜드 등에서는 감자가 주식으로 자리 잡게 돼요.

그동안 밀농사에 적합하지 않아 목초지로나 쓰며 놀리던 추운 고산 지대에 감자를 심으면서 작물 수확량이 크게 늘었어요. 작물 수확량의 증가는 인구의 증가로 이어졌지요. 18세기 이후 유럽 인구가 크게 늘어난 것은 감자 때문이에요.

오늘날 감자는 옥수수, 밀, 쌀에 이어 네 번째로 많이 생산되는 식량 자원이에요. 매년 3억 톤 이상 생산되지요.

전략 물자가 된 감자

1778년의 일이에요. 독일 남동부에 있는 바이에른 주를 다스리던 대공은 후사를 남기지 못한 채 세상을 떴어요. 주인 없는 땅이라며 눈독 들인 프로이센과 오스트리아는 자기가 대공의 후계자라고 주장했어요. 결국 두 나라는 서로를 향해 전쟁을 선포했지요. 하지만 격렬한 전투는 벌어지지 않았어요. 두 나라 군대의 힘이 엇비슷해서 지루한 대치가 이어졌어요.

결국 전쟁에 종지부를 찍은 것은 전투의 승패가 아니라 굶주림이었어요. 군대에 식량과 물자를 제대로 보내 주지 않아 양쪽 합쳐 2만여 명의 군사들이 추위나 배고픔을 견디지 못하고 병에 걸려 죽은 거예요.

총 대신 호미를 들고 서로를 향해 돌진하는 웃지 못 할 일도 자주 벌어졌어요. 누가 먼저 감자를 캐느냐를 놓고 다툰 것이지요. 감자를 캐는 일이 숭고한 전략적 목표가 되었어요. 우리 군대가 감자를 캐면 굶주림을 해소할 수 있는 데다 상대편 군대를 굶겨 죽일 수 있으니 일석이조였지요.

영국의 산업 혁명을 이끈 값싼 감자

앞에서 영국의 대지주들이 밀농사로는 수지를 맞출 수 없다며 땅을 목초지로 바꾸어 양을 길렀다는 이야기를 했어요. 이 일은 15세기 말부터 이루어졌는데, 땅에다 울타리를 치고 밀 대신 양을 길렀다고 해서 울타리치기 운동이라고 불러요. 당시에는 양털로 옷감을 짜는 모직 공업이 발달해서 양털 값이 크게 오르고 있었어요.

대지주의 땅을 빌려 밀농사를 짓던 농민들은 졸지에 아무 대책 없이 쫓겨나야 했어요. 토머스 모어는 『유토피아』에서 울타리치기 운동에 대해 "사람이 양을 먹는 게 아니라 양이 사람을 먹는다."고 비판했어요.

쫓겨난 농민들이 가진 것은 노동력뿐이었어요. 이들은 노동력을 팔아서 먹고 사는 노동자가 되어 도시의 빈민으로 전락해 살아갔어요.

18세기 말부터 영국에서는 산업 혁명이 일어나요. 공장에서 기계로 물건을 대량 생산하는 시대가 온 거예요. 목화에서 실을 자아 천을 짜는 면방직 공업이 기계화되면서 수공업 기술자들은 일감이 없어졌어요. 결국 공장 노동자로 취직해야 했지요. 소득이 크게 줄면서 가장 혼자서 일을 해서는 생계를 꾸릴 수 없는 시대가 되었어요. 일할 수 있는 사람이면 아내건 아이들이건 모두 일을 해야 했어요. 가족 모두가 일하지 않으면 배를 곯아야 했으니까요.

실제로 18~19세기 영국에서는 공장에서 6, 7세의 어린이들을 고용해 열두 시간 이상 일을 시켰어요. 면화에서 실을 잣는 면방직 공장에서는 실이 끊기거나 엉키면 기계 안으로 들어가 끊어진 실을 잇고 엉킨 실을 풀어 줘야 했어요. 그런데 기계 안으로 들어가려면 아무래도 몸집이 작은 어린이가 훨씬 유리했겠지요. 어린이다 보니 어른보다 임금을 훨씬 적게 줘도 되고요. 공장주 입장에서는 그야말로 도랑 치고 가재 잡는 셈이었지요.

면방직 공장에서는 어린이들을 선호했어요. 직업 소개소에다 웃돈을 주고 어린이들을 데려오는 경우도 많았지요. 고아원에서 어린이들을 공장에 팔아먹는 『올리버 트위스트』*의 이야기가 사실이었던 거예요.

올리버 트위스트가 고아원에서 하루도 빠짐없이 먹던 게 바로 감자였어요. 당시 올리버 트위스트 같은 도시의 빈민들은 주식이 감자였어요. 쇠고기 스테이크도, 부드러운 밀가루 빵도 빈민들에게는 그림의 떡이었지요. 하지만 크게 불만을 갖지는 않았을 거예요. 식량 중에서 가장 싸고 영양가가 많은

올리버 트위스트

영국의 작가 찰스 디킨스의 장편 소설이다. 주인공 고아 소년 올리버 트위스트가 온갖 고생 끝에 행복을 얻게 된다는 내용인데, 당시 영국 사회의 비정한 뒷모습을 생생하게 그려내 큰 인기를 끌었다.

산업 혁명의 이면에는 올리버 트위스트 같은 어리고 가난한 아이들의 희생이 있었다. 이런 아이들의 굶주림을 해결했던 것이 바로 감자다.

게 감자라 배불리 먹을 수 있었으니까요.
 감자가 없었으면 산업 혁명에 필요한 값싼 노동력을 구할 수 있었을까요? 영국에서 산업 혁명이 일어난 배경에는 값싼 감자가 있었답니다.

영국이 감자를 먹기 시작한 까닭

영국 요리 가운데 피시 앤 칩스라는 음식이 있어요. 밀가루 옷을 입혀 튀긴 대구에다 기름에 튀긴 감자를 곁들인 거예요. 어찌나 사람들이 많이 먹는지 길거리 노점에서 파는 즉석 음식인데도 영국 요리를 대표하는 음식이 되었지요.

원래 영국 사람들은 감자 요리를 좋아하지 않았어요. 그런데 프랑스 사람 하나가 영국에서 피시 앤 칩스를 유행시키게 돼요. 그 사람의 직업은 무엇이었을까요? 요리사라고요. 아니에요. 군인이었어요. 프랑스 사람 중에 가장 유명한 나폴레옹이 그 사람이에요.

19세기 초, 유럽은 대격변의 시대를 맞아요. 1789년에 프랑스에서 대혁명이 일어났거든요. 루이 16세와 귀족들의 무능과 부패에 맞서 프랑스 민중들이 자유, 평등, 박애의 삼색 깃발을 들고 일어난 거예요.

유럽 여러 나라는 군대를 동원해 프랑스로 쳐들어왔어요. 일찌감치 프랑스 대혁명을 진압해 혁명의 불길이 자기 나라로 번져 나가는 것을 차단하려는 목적이었지요. 하지만 프랑스와 혁명을 목숨 바쳐 지키려는 민중들의 각오는 대단했어요. 혁명군은 프랑스로 쳐들어온 외국 군대를 격퇴하고 유럽 각국으로 진격하기 시작했어요. 이탈리아, 독일, 에스파냐로 거침없이 내달렸지요. 유럽의 민중들은 프랑스 혁명군의 승리에 환호했어요. 자유와 평등의 새 세계가 눈앞에 펼쳐지는 듯했어요.

유럽 전역을 휩쓴 혁명과 전쟁의 소용돌이에서 두각을 나타낸 게 나폴레옹이었어요. 나폴레옹은 연이은 승전을 바탕으로 황제의 자리에 오르게 돼요. 나폴레옹은 오스트리아와 러시아 군대까지 꺾고 유럽 대륙을 석권했어요.

영국은 유럽 대륙이 혁명과 전쟁의 소용돌이로 빠져드는 것을 못마땅하게 보았어요. 영국은 유럽 각국의 왕실과 귀족들에게 전쟁 물자를 지원하는 등 프랑스에 맞섰어요.

나폴레옹은 영국을 응징하기 위해 칼을 빼들었어요. 대륙 봉쇄령을 내린 거예요. 유럽 대륙과 영국의 교역을 금지하는 내용이었어요.

영국은 대륙 봉쇄령으로 커다란 타격을 입었어요. 영국의 무역업자들은 아시아에서 들여온 값비싼 차와 도자기를 팔지 못해 엄청난 손해를 보았어요. 영국의 면방직 회사 사장들은 유럽에서 불티나게 팔리던 면제품을 팔지 못해 울상을 지어야 했어요. 더욱 중요한 것은 유럽 대륙에서 밀을 수입하지 못하게 된 거예요. 유럽 대륙에서 밀이 들어오지 않자 밀 값은 천정부지로 올랐어요.

영국 정부는 부랴부랴 해외 식민지에서 밀을 수입하려 했어요. 하지만 운송비가 밀 값보다 몇 십 배 더 들었어요. 영국 국내에서 생산한 밀 값보다 훨씬 비싼데 누가 수입하려 들겠어요.

결국 영국은 바로 옆의 섬나라 아일랜드에서 밀을 수입했어요. 급한 불은 껐지만 밀 부족 사태는 오래 갔어요. 당시 영국의 대지주들은 밀농사로는 수지를 맞출 수 없다며 땅을 목초지로 바꾸어 양을 기르고 있었어요. 그런데 밀농사가 다시 수지맞는 일이 된 거예요. 영국의 대지주들은 다시 밀을 심었어요.

하지만 영국과 아일랜드에서 생산된 밀만으로는 영국 사람들 모두를 먹여 살릴 수 없었어요.

밀 값이 내렸더라도 가난한 노동자와 농민들이 먹기에는 여전히 비쌌어요. 밀 대신 보리나 호밀, 귀리, 옥수수를 먹으면 된다고요?

나폴레옹의 대륙 봉쇄령으로
영국에서는 감자를 먹기 시작했다.

그런데 이것들도 밀보다야 싸지만 가난한 노동자와 농민들이 배불리 먹기에는 너무 비쌌어요. 싸면서도 배불리 먹을 수 있는 것은 오로지 감자밖에 없었어요. 가난한 노동자와 농민들은 구워 먹고, 쪄 먹고, 으깨서 샐러드로 만들어 먹고, 고깃덩어리와 함께 삶아 걸쭉한 스튜로 만들어 먹었어요. 이때부터 감자를 이용한 각종 조리법이 큰 인기를 끌었고, 영국 요리에 감자가 쓰이게 됐답니다.

　나폴레옹의 대륙 봉쇄령은 어떻게 됐냐고요? 러시아를 비롯한 유럽 여러 나라들은 영국만큼은 아닐지라도 고통을 받기는 마찬가지였어요. 특히 왕실과 귀족들의 고통이 더욱 심했지요. 입맛에 맞는 고급 사치품들을 구할 길이 사라졌으니까요.

기세 높던 나폴레옹 원정대도 모스크바의 추위는 꺾을 수가 없었다. 결국 나폴레옹은 몰락하게 된다.

결국 러시아가 대륙 봉쇄령을 어기고 영국과 교역을 다시 시작했어요. 다른 나라들도 눈치를 보며 영국과의 교역을 재개하려 했지요. 나폴레옹은 러시아를 본보기로 삼아 고삐를 옥죄어야겠다고 마음먹었어요. 나폴레옹 군대는 러시아로 진격했어요. 하지만 모스크바의 추위에 무릎을 꿇고 말아요. 러시아 원정에 실패한 나폴레옹에게 남은 것은 단 하나, 몰락밖에 없었답니다.

영국과 아일랜드를 앙숙으로 만든 감자 흉작

영국에 이웃한 섬나라 아일랜드는 당시 영국의 식민지였습니다. 영국인들은 식민지 아일랜드의 땅을 차지하고 농민들에게 소작을 주어 밀, 호밀, 보리, 귀리, 옥수수 농사를 짓게 한 다음, 소작료를 무겁게 매겨 이들 곡물을 거둬들였어요. 그러고는 이들 곡물을 영국에 수출해 큰돈을 벌었어요.

그렇다면 아일랜드 농민들은 뭘 먹었을까요?

아일랜드 농민들은 무거운 소작료를 내고 나면 남는 게 별로 없었어요. 그래서 소작료로 낼 만큼의 땅에만 밀, 보리, 귀

영국은 아일랜드를 차지하고 농민들에게 소작을 주어 농사를 짓게 한 다음 소작료를 무겁게 책정해 대부분의 곡물을 거둬들였다.

리, 옥수수 등을 재배하고 나머지 땅에는 감자를 심었지요. 굶주리지 않고 배불리 먹기에는 감자만큼 좋은 작물이 없었거든요. 1에이커(약 4046제곱미터)의 땅에다 감자를 심으면 여섯 식구가 배불리 먹을 수 있었다니, 대단하지요?

영국의 정치가들은 아일랜드 사람들이 가난한 것은 감자 때문이라고 비아냥댔어요. 감자의 수확량이 워낙 많다 보니 아일랜드 농민들이 게으르다는 것이지요.

배고픔을 견디지 못한 사람들은 태어난 고국을 버리고 먹을 것을 찾아 미국으로 이민을 떠나야 했다.

게으르니까 가난하다는 이야기인데, 영국의 가혹한 식민 통치를 감추려고 만들어 낸 대표적인 거짓말이 아닐 수 없어요. 조선인은 남이 잘되는 꼴을 두고 보지 못하기 때문에 변변한 회사가 없다며 가난을 근성 탓으로 돌린 일제의 간악한 거짓말이 생각나는군요.

참, 아일랜드에 감자가 처음 들어온 것은 16세기 중엽이에요. 감자로 먹고 사는 아일랜드 농민들에게 감자는 목숨 줄이나 다름없어요. 감자에 전염병이 생기거나 하면 꼼짝없이 굶어죽고 마니까요.

19세기 중엽에 실제로 아일랜드에서 그런 일이 벌어졌어요. 이것을 세계사에서는 '아일랜드 대기근'*이라고 불러요. 당시 아일랜드 사람 네 명 가운데 한 명이 굶어 죽었고, 한 명이 먹을 것을 찾아 배를 타고 대서양을 건너 미국으로 이민을 가야 했어요. 아일랜드 인구가 절반으로 줄어든 비극적인 사건이었지요.

1847년, 아일랜드에서 감자잎마름병이 유행했어요. 감자잎마름병은 감자잎말림병이라고도 하는데, 새로 나온 감자 잎이 옅은 노란색으로 마르면서 차차 굳어져 위쪽으로 말려 올라가는 전염병이에요. 감자잎마름병 바이러스에 감염된 감자 잎을 먹은 진딧물이 다른 감자의 잎을 갉아먹으면서 빠르게 퍼져 나가는 병이지요.

아일랜드 전체가 감자 농사를 망친

아일랜드 대기근

아일랜드 인의 주식인 감자에 감자마름병이란 전염병이 돌면서 많은 사람이 죽었다. 그러나 많은 아일랜드 인의 죽음에는 영국인 지주의 착취가 더 큰 역할을 했다.

거예요. 문제는 감자잎마름병이 그 해로 그치지 않고 5년 동안 계속되었다는 거였어요.

먹을 게 없어 굶주리던 농민들은 영국인 지주들에게 소작료를 줄여 달라는 한편, 소작료로 거둔 작물을 영국으로 수출하지 말고 풀어서 사람들이 먹고 살 수 있도록 해 달라고 호소했어요. 하지만 영국인 지주들은 살려 달라는 간절한 호소를 외면했어요.

영국인 지주들은 경찰과 함께 다니며 집집마다 샅샅이 뒤져 작물을 빼앗아 갔어요. 빼앗아 갈 것조차 없는 농민들에게서는 땅을 빼앗고 강제로 내쫓았어요. 쫓겨난 소작농들은 빈민 구제 시설을 찾아가다가 굶주림과 전염병으로 죽어 갔지요.

영국 정부는 한 술 더 떴어요. 아일랜드 사람들을 살리려고 식량을 풀기는커녕 영국에서 밀 값이 오르는 것을 막는다며 군대를 동원해 식량이 쌓여 있는 창고와 배, 영국인 지주들의 집을 보호했어요.

당시 아일랜드의 참상을 본 어느 영국인은 이렇게 말했어요.

"이 세상에는 식민지도, 가난한 나라도 많다. 이들 나라에는 거지들이 득실거린다. 그러나 온 국민이 모두 거지인 나라는 아일랜드밖에 없다. 길거리에는 시체가 산을 이루고 있고 마을은 황폐해졌다. 농민들은 영국인 대지주의 집 앞에 모여들어 식량을 달라고 간청했지만, 곧 영국군이 농민들을 쫓아냈다. 이곳은 지옥과 같다."

아일랜드에서 구호 활동에 참가한 어느 미국인도 당시 모습을 이렇게 증언했어요.

"아일랜드에서는 지금도 많은 수의 사람들이 굶어 죽어 나간다. 그러나 벨파스트 항에는 곡물을 실은 배들로 북적인다. 모두 영국으로 가는 배다. 얼마나 끔찍한 일인가! 미국에서 오는 옥수수를 실은 배 한 척이 구호선의 전부다."

5년 동안 계속된 대기근으로 800여만 명이던 아일랜드 인구는 400여만 명으로 줄어들었어요. 200여만 명이 굶어 죽었고, 200여만 명이 미국, 캐나다, 유럽 등으로 이주했거든요. 하지만 해외로 이주한 사람들도 비좁고 더러운 배에서 오랫동안 제대로 된 음식을 먹지 못해 절반 이상이 전염병으로 죽어 갔어요.

아일랜드 대기근은 19세기에 발생한 인류 최대의 재앙이었어요. 아일랜드 대기근은 영국 식민 통치의 가혹함과 더불어 국가가 단 하나의 작물에 매달릴 때 어떤 일이 일어날 수 있는지 잘 보여 줘요.

그 뒤 아일랜드 인들은 영국의 식민 통치에 반대해 독립의 깃발을 높이 들었어요. 해외로 이주한 아일랜드 인들도 본토의 독립 투쟁을 성원하였지요. 오랜 투쟁 끝에 아일랜드는 1921년에 영국에서 독립하였답니다.

영국의 식민지였던 나라들이 영연방을 이뤄 서로 협력하고 있지만, 아일랜드는 영연방에 가입하지 않았어요. 아일랜드 대기근을 불러온 영국의 가혹한 식민 통치로 아일랜드 인들은 지금도 영국인을 아주 싫어해요.

청나라의 인구 폭발을 이끈 고구마

감자가 덩이줄기라면 고구마는 덩이뿌리입니다. 고구마는 땅 위에 난 줄기를 따라 덩이뿌리가 주렁주렁 매달려요. 때문에 수확량이 많기로 유명한 작물이지요. 단위 면적당 수확량으로 따지면 쌀과 1, 2등을 다툴 정도래요. 인구 부양 능력이 그만큼 뛰어나다는 이야기겠지요.

고구마의 원산지는 라틴아메리카 열대 지역인데, 학자들은 멕시코라고 추정하고 있어요. 왜냐하면 고구마는 온도가 높은 곳에서 잘 자라거든요. 멕시코는 아열대와 열대 지방이라 기온이 높지요. 고구마는 메마른 땅에서도 잘 자라기 때문에 온도만 맞으면 어디에서나 기를 수 있어요.

멕시코에서는 2천 년 전부터 원주민들이 재배하기 시작했는데, 품종 개량을 통해 달고 수확량이 많은 여러 종류의 고구마를 재배했어요.

1519년, 에스파냐의 코르테스 원정대는 불과 2년 만에 아스테카 제국을 멸하고 멕시코를 정복했어요. 30년 뒤인 1550년대에 볼리비아의 포토시와 멕시코의 과나후아토에서 잇달아 은 광산이 발견되면서 에스파냐는 세계 최고의 벼락부자가 되었어요.

　부자가 명품을 좋아하는 것은 예나 지금이나 마찬가지인가 봐요. 에스파냐 부자들은 중국산 최고급 비단 옷으로 휘감고는 반짝반짝 빛나는 은 촛대의 은은한 조명 아래에서 중국산 최고급 도자기에 동남아시아산 후추, 정향, 육두구로 양념한 고기 요리를 담아 맛있게 먹었어요. 비단과 도자기, 후추, 정향, 육두구는 모두 이웃 나라 포르투갈 상인들에게서 사와야 했어요. 당시에는 포르투갈이 인도 항로를 독차지하고 있었거든요.

에스파냐 상인들이 기나긴 태평양 항해에서 배고픔을 면할 수 있었던 것은 바로 고구마가 있었기 때문이다.

포르투갈 상인들이 인도 항로를 독차지하고 동방의 희귀한 명품들을 비싸게 팔아 엄청난 이익을 올리는 모습에 에스파냐 사람들은 배가 살살 아파 왔어요. 그래서 생각해 낸 것이 태평양 연안의 아카풀코 항에서 멕시코와 볼리비아의 은괴를 싣고 필리핀으로 가 중국의 비단과 도자기, 동남아시아의 후추, 정향, 육두구를 직접 사들이자는 것이었어요.

태평양을 건너 인도양을 지나 아프리카를 따라 올라오는 기나긴 항해였지만, 워낙 값비싼 명품이라 이익이 쏠쏠했어요. 그 뒤 에스파냐는 포르투갈을 제치고 동방의 희귀한 명품을 유럽 여러 나라에 공급해 막대한 이익을 챙겼어요.

에스파냐 상인들이 태평양을 건널 때 먹던 식량이 바로 고구마였어요. 이렇게 해서 필리핀으로 고구마가 들어왔어요. 고구마가 필리핀에서 중국으로 전해진 것은 16세기 말의 일이에요.

처음에는 아열대 지방인 푸젠 성에서 재배했는데, 거칠고 메마른 땅에서도 잘 자라서 각광을 받았어요. 17세기 초에 추위에도 잘 견디는 품종이 나오면서 황하강 중상류의 메마른 땅에서도 재배하기 시작했지요.

16세기에 8천만 명이던 중국 인구는 18세기 초에 1억 5천만 명, 19세기 초에 3억 명, 19세기 중엽에 4억 3천만 명으로 크게 늘어났어요. 300년 동안 무려 다섯 배 이상 늘어났으니 그야말로 인구 폭발이 일어난 거예요. 청나라 인구 폭발에는 여러 가지 원인이 있지만, 가장 중요한 원인 중의 하나가 바로 고구마가 들어왔기 때문이랍니다.

김만덕의 의로운 기부와 고구마 농사

우리나라에는 통신사로 일본에 갔던 조엄이 1764년에 처음 고구마를 들여왔어요. 중국보다는 200년, 일본보다는 150년 늦은 것이지요. 조엄은 쓰시마 섬에서 고구마를 처음 보고 기근에 시달리는 백성들의 굶주림을 덜어줄지 모른다고 생각해 고구마 종자와 고구마 재배법을 들여왔어요.

조엄은 쓰시마 섬과 풍토가 비슷한 부산과 거제도에 종자를 보내 시험 재배를 하도록 했어요. 동래 부사 강필리는 영도 동삼동과 청학동 일대에서 고구마를 길렀어요. 우리 풍토에도 잘 맞았는지 고구마는 무럭무럭 잘 자랐어요.

강필리는 주렁주렁 매달린 고구마를 보고 기근에 시달리는 백성들이 배불리 먹을 수 있는 길이 열렸다며 감격의 눈물을 흘렸어요. 강필리는 이 기쁜 소식을 조엄에게 알리는 한편, 조정에다 고구마의 놀라운 수확량과 재배에 적합한 풍토, 손쉽게 재배하는 법 따위를 소상하게 보고했어요.

강필리가 보급한 고구마 재배법은 실로 간단했어요. 봄에 고구마를 땅에다 심고 물을 주어요. 얼마 뒤 싹이 트면 줄기가 흙을 뚫고 나와요. 줄기는 땅을 따라 옆으로 길게 뻗어 나오는데, 그 줄기를 끊어 땅에다 심으면 고구마가 자라요. 가을에 주렁주렁 매달린 덩이뿌리를 거두면 끝이지요.

조정에서는 남해안 연안 지방과 섬 지방, 제주도에 고구마를 널리 보급하려 했지만 고을 수령들과 양반 지주들의 수탈이 심해 먹을 것이 떨어진 백성들이 고구마를 종자까지 먹어 버려 실패로 돌아갔어요.

그러다 1793년에 제주도에 기근이 들었어요. 이 기근은 1795년까지 계속되어 무려 1만 명이 넘는 사람들이 굶어 죽는 끔찍한 비극으로 이어졌어요. 제주 목사 이우현이 "당장 2만 섬의 구휼미가 없으면 제주도민 모두가 굶어 죽을지 모른다."는 장계를 보낼 지경이었지요. 조정에서는 부랴부랴 구휼미 2만 섬을 배 12척에 실어 제주도로 보냈어요. 하지만 거센 풍랑을 만나 5척이 침몰하고 말아요. 이우현은 7척에 실린 구휼미를 백성들에게 나눠 주어 죽어가는 백성들을 살렸어요. 급한 불은 껐지만, 식량 부족은 해결되지 않았어요. 이때 전 재산을 털어 육지에서 쌀

500여 섬을 들여와 기부한 사람이 있었어요. 바로 김만덕이에요. 제주도의 부유한 양반들과 상인들도 김만덕의 기부를 보고 느낀 게 있었는지 기부 행렬에 동참했어요. 이러한 민간의 자발적인 노력이 없었다면 굶어 죽는 제주도민들이 더욱 늘어났을 거예요.

    그 뒤부터 조정에서는 해안 지방과 섬 지방, 제주도에 고구마를 보급하는 데 온 힘을 기울였어요. 태풍이 연달아 불면 몇 달 동안 고립되는 이들 지역에서 고구마 농사는 목숨 줄이나 다름없다는 것을 뒤늦게나마 깨달은 거예요.

건강식으로 각광 받는 고구마

우리나라에서는 주전부리로 즐기던 고구마가 1990년대 말부터 다이어트용 건강식으로 각광을 받기 시작했어요. 특히 고구마 케이크가 인기를 끌었는데, 달콤하면서도 열량이 많지 않아 살찌는 것을 고민하는 사람들의 관심을 듬뿍 받았어요. 빵이나 피자, 햄버거 같은 밀가루 음식과 달리 고구마 케이크는 섬유소가 많아 변비에 좋아요. 오늘날 고구마를 재료로 한 음식들은 웰빙 건강식으로 각광을 받고 있어요.

최근에는 자색 고구마나 호박 고구마 같은 색깔 있는 고구마가 눈길을 끌고 있어요. 자색 고구마에는 안토시아닌이 많아 항산화 작용과 항암 작용이 탁월하고, 호박 고구마는 베타카로틴이 많아 항암 효과가 높은데다 날로 먹을 때 맛이 좋아 샐러드 재료로 인기가 높아요. 색깔 있는 고구마는 웰빙 붐에 맞춰 천연 색소로도 이용되는데, 음료, 술, 한과, 앙금, 양갱 등은 물론 천을 염색하는 천연 염료로도 쓰여요. 자색 고구마에서 추출한 색소를 이용한 칼라 콘택트렌즈도 큰 인기를 끌고 있답니다.

일상생활에서
항상 마시는 차는
수많은 전쟁을 거쳐
서야 인정되었다.

차는 언제부터 마시기 시작했을까?

"차나 한 잔 할까?"

어른들은 툭 하면 이런 말을 해요. 그만큼 차는 우리 생활에 깊숙이 들어와 있어요. 그렇다면 사람들이 차를 마시기 시작한 것은 언제부터일까요?

허풍 치기 좋아하는 중국인들은 기원전 4천 년 염제 신농씨가 차를 직접 맛보고 널리 퍼뜨렸다고 주장해요. 신농씨는 사람들에게 농업과 약학을 가르쳤다는 중국 청동기 시대의 전설적인 지도자예요. 신농씨가 차를 직접 맛보고 널리 퍼뜨렸다는 주장은 사실일까요? 아니에요.

전설 속 신농씨가 활약하던 고대 중국은 황하 중하류 유역인 산시, 산둥, 허베이, 허난 지역을 가리키는데, 차나무의 원산지는 미얀마에서 중국 윈난 지역 사이거든요. 결국 고대 중국에는 차나무가 없었다는 말이지요. 있지도 않는 차를 어떻게 맛보고 널리 퍼뜨릴 수 있겠어요?

실제로 사람들이 차를 마시기 시작한 것은 기원전 3세기 전후의 일이에요. 차라는 말은 기원전 2세기에 만들어진 중국 최초의 옥편 『이아』에 처음 나오는데, '쓰다'는 뜻으로 쓰였어요. 차를 달이거나 우려내면 쓴 맛이 나거든요.

　처음에는 통증을 가라앉히고 졸음을 쫓는 약재로 썼지만, 쌉싸래하면서도 개운한 맛에 이내 고급 음료로 자리 잡았어요. 기름진 음식을 좋아하는 중국인들의 식성과 맑고 깨끗한 물을 구하기 쉽지 않은 조건 때문에 차는 빠르게 대중화되었어요. 술을 금지하는 불교도 차를 대중화하는 데 큰 몫을 했지요.

처음에는 약재로 쓰이던 차가 일상에 빠르게 자리 잡힌 데에는
중국인들의 기름진 음식 문화의 영향이 컸다.

그 결과 수나라 때인 7세기 초반에는 귀족들은 물론 평민들까지 값비싼 차를 즐기게 되었지요.

값비싼 차가 많이 팔린다면 이익이 어마어마하겠지요? 차는 황금 알을 낳는 거위나 마찬가지였어요. 국가에서 그냥 두고 볼 리 없겠지요. 국가에서는 차의 생산과 유통을 오직 국가만이 맡을 수 있도록 바꾸었어요. 차에서 나오는 이익은 고스란히 국가의 몫이 되었어요. 이처럼 국가가 어떤 물건을 독점하는 걸 '전매'라고 해요. 차는 전매제로 분류해 국가에서 이익을 독차지한답니다.

티베트인들이 중국차를 처음 맛본 날

 7세기 당나라 태종 때의 일이에요. 당시 티베트 고원에 사는 티베트 족은 송첸캄포*를 중심으로 여러 종족을 통일해 토번이라는 나라를 세웠어요. 토번은 말을 탄 기병을 앞세운 20만 대군을 동원해 당나라를 공격했어요.

당 태종은 토번의 대군을 막으려고 문성 공주를 송첸캄포에게 시집보냈어요. 일종의 인질이었지요. 641년, 문성 공주는 엄청난 혼수품을 바리바리 싸들고 당나라 수도 장안을 떠나 3천 킬로미터 떨어진 토번 수도 라싸로 시집을 갔어요.

문성 공주의 혼수품 안에는 차가 들어 있었어요. 송첸캄포와 귀족들은 문성 공주 일행이 우려 준 차를 맛보고 그 맛에 반했어요. 다음 날 아침, 송첸캄포와 귀족들은 두 가지 점에서 깜짝 놀랐어요. 어마어마한 배변량이 하나요, 개운한 몸 상태가 다른 하나였어요.

송첸캄포

토번의 초대 왕으로, 불교에 대한 신앙심이 두터웠다. 티베트 역사에서는 33대 왕으로 기록되지만 실질적으로 티베트 최초의 통일 국가를 이룬 왕이다.

중국의 차와 티베트 족의 말을 서로 맞바꾸던
무역로인 차마 고도. 그러나 이 무역으로 인해
티베트 족은 국방력이 약해졌다.

고원에서 야크를 길러 그 고기와 젖으로 살아가던 티베트 족은 변비와 고지혈증을 달고 살았는데, 차를 마시면서 이런 증상이 모두 사라진 거예요. 평균 수명도 서른 살 남짓에서 쉰 살로 크게 늘었어요.

얼마 뒤 차가 떨어졌어요. 토번 왕과 귀족들은 차를 구해 오라며 당나라에 사신을 보냈어요.

"차는 귀중한 전략 물자라 팔 수 없소."

"얼마면 됩니까?"

"금은보화를 바리바리 싸들고 와도 팔 수 없소."

고지혈증

고지혈증은 혈액 속에 지방 성분이 높은 상태를 말한다. 혈액 속에 지방 성분이 높아지면 혈관벽에 지방 성분이 달라붙어 혈관이 좁아지는데, 관상동맥경화, 고혈압, 협심증, 심근경색, 심부전, 부정맥, 뇌일혈 등을 일으킬 수 있다.

실망해 돌아가는 사신에게 당나라 관리 하나가 넌지시 귀띔했어요.

"전략 물자는 전략 물자끼리 바꾸는 법. 당신네 말과 우리네 차를 바꿉시다."

이렇게 해서 토번과 당은 차와 말을 바꾸기 시작했어요. 아슬아슬한 절벽 길과 황하의 급류를 건너 티베트와 중국 쓰촨을 잇는 교역로가 만들어졌어요. 이 길이 유명한 '차마 고도'*예요. 차와 말을 교역하던 길이지요.

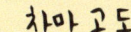

차마 고도

차마 고도는 중국의 차와 티베트의 말을 사고팔기 위해 지나다니던 길로, 세계 역사상 가장 오래된 무역로다. 티베트에서 네팔, 인도로 이어지는 길을 차마 고도에 포함시키기도 하는데, 이럴 경우 그 길이가 무려 5천 킬로미터가 넘는다. 해발 4천 미터가 넘는 가파르고 아슬아슬한 절벽 길과 황하강의 급류를 건너는 세계에서 가장 높고 가장 험하고 가장 아름다운 길이다.

말이 줄어들면 기병도 줄어들겠지요. 말과 차를 바꾸면서 토번의 군사력은 점점 약해졌어요. 이빨 빠진 호랑이를 누가 무서워하겠어요. 토번은 더 이상 중국을 위협하는 적수가 아니었어요.

티베트 족에게 차는 건강과 장수를 주었지만, 국방력 약화를 불러온 양날의 칼이었어요.

전쟁과 평화를 결정하는 열쇠, 차

춥고 건조한 북쪽 고원 지대에서는 작물이 자라지 않아 농사를 지을 수 없어요. 이곳에서는 사람들이 봄부터 가을까지 평원을 덮는 풀을 가축에게 먹여 살찌우고, 그 고기와 젖으로 먹고살아요. 이곳에 살던 돌궐, 몽골, 거란, 여진 등 유목 민족들에게 고기는 밥이자 반찬인 셈이지요.

유목인들은 고기와 젖, 가죽, 뼈, 뿔, 힘줄, 피 등 가축에서 나오는 것은 하나도 버리지 않아요. 심지어는 똥도 말려서 취사와 난방용 연료로 쓰지요. 그러다 보니 <mark>유목민들은 생활필수품 대부분을 자급자족하며 생활해요. 하지만 자급자족할 수 없는 것도 있는데, 소금, 철, 차예요.</mark>

소금을 먹지 못하면 사람은 죽어요. 철이 없으면 음식을 요리할 솥도, 맹수와 외적의 습격에서 가족을 보호할 칼도 못 만들어요. 그런 뜻에서 소금과 철은 유목민에게 목숨 줄과도 같아요.

차라고 다를 리 없어요. 고기와 젖을 먹고사는 유목민들에게 섬유소와 비타민, 무기질의 공급원은 단 하나, 차밖에 없어요. 그래서 유목민들은 큰 솥에 말 젖, 차, 소금을 넣고 푹 끓여 음료수*로 마셔요.

문제는 소금, 철, 차를 공급하는 곳이 중국이라는 거예요. 중국이 소금, 철, 차의 수출을 막는다면 어떻게 될까요?

소금이야 다른 곳에서 구하더라도, 철과 차는 구할 데가 없어요. 이렇게 되면 유목민들이 떼로 죽어 나갈 것은 불 보듯 뻔하지요.

목숨이 위태로운 판에 손 놓고 있을 사람이 누가 있겠어요? 유목민들은 살아남으려는 일념으로 한 데 모여 중국 국경을 넘었어요. 제 아무

수태차

무쇠 솥에 말 젖과 고형 차를 넣어 푹 끓인 다음 소금으로 간한 차로. 유목민들이 즐겨 마시는 음료수이다. 누린내와 비린 맛이 심해 우리나라 사람은 잘 마시지 못한다.

리 만리장성이 높고 단단해도 죽음을 각오한 유목민들에게는 나무 울타리보다 못하지요.

    이처럼 차는 중국인과 유목민 사이에 전쟁이냐 평화냐를 결정하는 열쇠였답니다.

한국과 일본의 차

우리나라에서는 삼국 시대 때 중국에서 차를 들여왔어요. 그 증거로는 고구려의 옛 무덤에서 찾을 수 있어요. 중국에서 수입한 차가 발굴되었거든요. 뿐만 아니라 『삼국사기』에는 828년(흥덕왕 3년)에 중국에서 차 종자를 들여왔다는 기록도 있답니다.

우리나라 차 문화의 전성기는 고려 시대로, 귀족들을 중심으로 차 문화가 널리 퍼졌어요. 곳곳에 다방이 있어 차와 술, 과자 등을 팔았지요. 조선 시대에 들어서면 차 문화는 쇠퇴하지만 사찰을 중심으로 명맥은 유지되었지요.

일본에서는 9세기 초 중국에서 차를 들여왔는데, 궁정 귀족과 승려들 사이에 크게 유행했어요. 19세기에 근대화에 성공해 국민 소득이 높아지면서 귀족과 승려들을 중심으로 전해 내려온 다도 문화가 대중 속으로 널리 퍼졌답니다.

영국인이 홍차를 즐기는 까닭

 차는 우리나라와 일본은 물론, 몽골과 중앙 아시아에서도 기호 음료로 각광을 받았어요.

14세기 몽골이 동서양에 걸친 세계 제국을 건설하면서 차는 몽골족을 따라 인도, 페르시아, 러시아, 터키로 전파되었어요. 하지만 커피를 즐기는 터키 인들에게는 별 호응을 받지 못했어요.

유럽에 처음 차가 들어온 것은 1610년의 일이에요. 일본 나가사키에서 출발한 네덜란드 동인도 회사* 배가 중국의 차를 암스테르담으로 실어 날랐어요. 육식을 주로 하는 유럽 귀족들에게도 변비와 고지혈증에 좋은 차가 맞았는지, 차의 수요는 갈수록 늘어만 갔어요.

처음에는 일본을 통해 차를 독점

> **동인도 회사**
> 17세기에 유럽 각국이 인도 및 동남아시아와 무역하기 위하여 동인도에 세운 무역 독점 회사를 말한다. 영국의 것은 나중에 인도를 식민지화하는 정치적 성격을 띠었으며, 네덜란드의 것은 자바 섬을 중심으로 활동하였고, 프랑스의 것은 한때 인도 지배에 적극적이었으나 영국과의 경쟁에서 패하였다.

수입한 네덜란드가 큰돈을 벌었어요. 하지만 1669년 영국이 중국 푸젠 성의 아모이 지역에서 차를 직접 수입하면서 네덜란드의 차 교역 독점은 깨졌어요. 게다가 중국에서 직접 수입한 영국의 차가 일본을 거친 네덜란드의 차보다 훨씬 쌌어요. 이 때문인지 17세기 말이 되면 영국은 네덜란드를 제치고 세계의 항로를 독차지하게 된답니다.

직수입을 통한 품질 및 가격 경쟁에서 이겨 차 교역을 독점하게 된 영국은 차 소비 확대에 앞장섰어요. 수출입 관세를 내려 과감히 가격을 내리는 한편, 유럽 인의 입맛에 맞는 차를 수입하려 애썼지요.

네덜란드와 영국이 처음 수입한 차는 녹차였어요. 차는 제조 방법에 따라 발효시키지 않은 차(녹차), 반만 발효시킨 차(우롱차), 발효시킨 차(홍차), 오랫동안 발효시킨 차(보이차)로 나누어요. 발효를 시키면 엽록소가 파괴되어 발효를 많이 시킬수록 검붉은 색이 짙어지지요.

문제는 위에 염증이 있거나 위벽이 헌 사람이 녹차를 자주 마시면 위염이나 위궤양이 악화된다는 거예요. 당시 유럽 귀족들은 고기를 많이 먹어 위나 십이지장이 좋지 않았어요. 몸에는 좋지만 속 쓰림을 가져오는 녹차를 앞에 두고 고민하는 귀족들이 늘어났어요. 속이 쓰리더라도 변비와 비만, 고지혈증을 예방할 것인지, 아니면 속 쓰림의 고통 없이 일찍 죽을 것인지 고민이 컸어요.

귀족들의 고민은 상인들의 고민으로 이어졌어요. 상인들은 계속 이익이 줄자 특단의 대책이 필요했지요. 그래서 고안해 낸 것이 위나 십이지장에 자극이 덜한 홍차로 수입 차종을 바꾼 거예요. 아울러 위와 십이지장 벽을 보호하기 위해 차에 소나 말, 염소, 양 젖을 타서 마시는 식으로 차 마시는 법을 바꾸었어요. 홍차에 우유를 타서 마시는 영국식 홍차는 이렇게 해서 만들어졌답니다.

영국에서 커피가 인기를 끌지 못한 까닭

하지만 차 소비는 예상했던 것처럼 크게 늘지 않았어요. 당시 유럽과 영국에서 커피가 큰 인기를 끌고 있었기 때문이지요.

커피의 원산지는 에티오피아로, 1615년 터키 인이 이탈리아 베네치아로 처음 들여왔어요. 처음에는 터키처럼 걸쭉하게 달여서 냈기 때문에 인기를 끌지 못하다가 걸러서 마시는 방법이 개발되면서 많은 사람들이 즐기게 되었어요. 하지만 이내 복병을 만나게 되지요.

바로 종교 문제예요. 이슬람 문물인 커피는 그 향으로 사람들을 꾀여 내는 사탄의 유혹이므로 커피를 금지시켜야 한다는 주장이 강하게 일어났거든요. 그러다 보니 커피 배척자와 옹호자 사이에 난투극이 벌어지기 일쑤였어요. 결국 이 문제는 종교 재판정에 올랐어요.

당시 교황 우루바누스는 기막힌 판결을 내렸어요.

"이렇게 맛있는 음료를 이슬람교도들만 독점하게 할 수는 없지 않은가?"

교황의 판결에 따라 커피는 빠르게 유럽 각지로 퍼져 나갔어요.

영국에서는 카페를 커피하우스라 부르는데, 입장료로 단돈 1페니만 내면 향기로운 커피를 마시면서 신문을 보고 여러 사람들과 토론을 즐길 수 있었어요.

그런데 예나 지금이나 독재자는 사람들이 모여 생각을 나누는 것을 싫어하나 봐요. 크롬웰이 죽으면서 영국으로 돌아와 왕위에 오른 찰스 2세는 사람들이 커피하우스에 모여 자신의 실정을 비판하는 것이 마음에 들지 않았어요. 그래서 내놓은 것이 1675년의 커피하우스 폐쇄령이었어요. 커피하우스의 문을 닫아 사람들이 아예 모이지 못하도록 하겠다는 뜻이었지요.

하도 어이없는 조치에 영국인들은 강하게 반발했고, 결국 찰스 2세는 11일 만에 이 조치를 철회해야 했어요. 하지만 찰스 2세는 그 뒤로도 커피하우스에 손님을 가장한 밀정을 들여보내 누가 무슨 말을 하는지 몰래 감시하는 등 탄압을 계속했어요. 이런 일이 계속되자 커피하우스의 인기도 시들해졌어요.

커피는 유럽으로 빠르게 퍼져 나가 1645년에 베네치아, 1646년에 로마, 1650년에 옥스포드, 1652년에 런던, 1672년에 파리, 1679년 함부르크에 카페가 생겨났다.

하지만 영국에서 커피가 인기를 잃은 까닭은 정작 따로 있었어요. 당시 터키에서 수입하던 커피는 이탈리아 상인들이 장악하고 있었어요. 영국으로서는 커피가 인기를 끌면 끌수록 더 많은 금과 은이 이탈리아로 빠져 나가니 손해였지요. 손해를 줄이려면 방법은 딱 한 가지밖에 없었어요.

커피 값을 하늘 높은 줄 모르게 올려 버리면 커피 소비는 크게 줄어들겠지요. 그럼 커피 값을 올리려면 어떻게 해야 할까요? 수입 관세를 엄청나게 매기면 돼요. 또 하나, 차의 관세를 내리면 차 값이 싸지고, 차 소비는 크게 늘겠지요? 이른바 박리다매, 하나하나의 이익은 줄이되 상품을 많이 팔아 더 큰 이익을 보는 전략이에요.

커피 값은 오르고 차 값은 내리는 데 누가 커피를 마시겠어요? 이렇게 해서 영국인은 세계에서 가장 차를 많이 마시는 국민이 되었어요. 참고로 영국인들은 평생 10만 잔 이상의 홍차를 마신대요. 엄청나지요?

미국인이 커피를 즐기는 까닭

차 교역을 독점한 영국에게 유럽과 식민지에서의 차 소비는 엄청난 이익으로 이어졌어요. 그래서 영국은 차 값을 내리는 한편, 차 문화를 고급 문화로 포장해 전 세계에 수출하려고 애썼지요.

차 안에는 커피만큼이나 많은 카페인이 들어 있어요. 그만큼 중독성이 강하다는 이야기예요. 적당한 값이면 언제나 영국의 차를 사서 마실 충성스러운 고객, 중독 당한 고객들이 크게 늘어났어요. 영국은 때가 무르익었다고 생각했어요.

독점은 물량과 가격을 공급자 마음대로 정할 수 있는 걸 가리켜요. 차 교역을 독점한 영국은 차 값을 올려 큰 이익을 보려고 했어요.

하지만 영국 본토에서 차 값을 크게 올렸다가는 성난 민심에 무슨 봉변을 당할지 몰라요. 그런 걱정 없이 올릴 수 있는 곳은 식민지였어요. 영국은 식민지를 대상으로 차에 매기는 수출입 관세를 크게 올렸어요. 이로 인해 영국 정부의 관세 수입은 엄청나게 늘어났지요.

식민지 주민들은 느닷없는 날벼락에 화가 치밀었어요. 본국은 놔두고 식민지에만 관세를 크게 올리다니 차별도 이런 차별이 없었지요. 차별은 언제나 저항을 불러요. 그것이 소극적이든, 적극적이든.

북아메리카 식민지 주민들은 본국 정부의 부당한 조치에 저항했어요. 영국 제품은 사지도, 쓰지도 말자는 영국 제품 불매 운동이 거세게 타올랐지요. 한 걸음 더 나아가 "대표 없이 세금 없다."며 자신들의 이익을 대변할 대표를 본국 의회에 보내는 운동과 조세 저항 운동을 벌였어요.

사태가 심상치 않다고 파악한 영국 정부는 결국 각종 관세를 본래대로 내린다고 발표했어요. 하지만 차만은 예외였어요. 포기하기에는 식민지 주민들이 마시는 차의 관세 수입이 엄청났거든요.

식민지 주민들은 좀 더 적극적인 저항으로 맞섰어요. 네덜란드를 비롯한 나라에서 차를 밀수한 거예요. 혹 떼려다 혹 붙인 격이 된 영국 정부는 밀수 단속을 강화하는 한편, 재고를 처분할 때

까지 한시적으로 차에 대한 관세를 없앴어요.

　식민지의 차 밀수업자들은 영국 정부의 단속으로 큰 타격을 입었어요. 화가 난 차 밀수업자들은 '혁명의 자식'이라는 단체를 만들고는 1773년 12월 16일, 인디언으로 변장해 보스턴 항구를 습격, 동인도회사 상선에 실린 값비싼 차 342상자를 바다에 집어던졌어요. 차를 영국 정부 폭정의 상징으로 보고 저항의 횃불을 든 보스턴 차 사건이에요. 보스턴 차 사건으로 폭발한 영국 정부와 식민지 주민 사이의 갈등은 1776년 미국 독립으로 이어졌어요.

　이때부터 미국인들은 차 대신 커피를 마시기 시작했답니다.

> 흥! 니들이 암만 그래도 차 값은 못 내려!

만병통치약, 설탕

> 이가 다 썩어도 좋아. 설탕만 있다면!

사탕수수, 사탕무, 사탕단풍, 대추야자 등 식물의 줄기나 뿌리, 열매에서 짜낸 즙에서 불순물을 제거한 다음, 진공 상태에서 쪄서 결정으로 만든 게 설탕이에요. 열대와 아열대 등 더운 곳에서는 사탕수수, 온대와 한대 등 추운 곳에서는 사탕무에서 설탕을 뽑는데, 요즘에는 주로 사탕수수에서 설탕을 뽑아요.

사탕수수의 원산지는 동남아시아 뉴기니 섬이에요. 사탕수수는 뱃길을 따라 동남아시아와 남태평양의 여러 섬나라, 인도로 퍼졌어요. 대항해 시대에 바스코 다 가마가 인도 항로를 열면서 후추, 정향, 육두구와 함께 설탕도 유럽으로 들어왔어요. 처음 들어올 당시에는 결핵 등 십여 종의 질병에 효능이 있는 만병통치약으로 소개되었대요.

에스파냐 무적함대를 격파하고 세계의 바다를 장악한 영국 여왕 엘리자베스 1세는 설탕을 워낙 좋아해 자나 깨나 설탕을 입에 달고 지내 이가 모두 썩어 새까맣게 변색될 정도였대요.

조금씩 늘어나던 설탕 소비량은 17세기 들어 커피와 차에 설탕을 넣어 마시는 것이 유행하면서 엄청나게 늘었어요. 동남아시아와 인도에서 수입하는 설탕으로는 늘어나는 수요를 감당하기 어려웠어요. 값비싼 설탕이 없어서 못 팔 지경이었지요.

영국 상인들은 인도와 동남아시아의 사탕수수 종자를 가져다 영국과 유럽에서 보다 가까운 대서양 카리브 해의 서인도 제도 여러 섬나라들에 옮겨 심었어요. 이들 섬나라 전체가 사탕수수 밭으로 뒤덮일 만큼 사탕수수 농장은 크게 늘었어요.

사탕수수 농장에서는 잡초를 없애고 사탕수수를 수확하는 데 엄청난 노동력이 필요해요. 그런데 이들 섬나라에는 원주민들이 전쟁과 강제 노동, 유럽 발 전염병으로 대부분 죽었기 때문에 노동력이 크게 모자랐어요.

영국 상인들은 아프리카에서 흑인들을 노예로 끌고 와 사탕수수 농장에서 부렸어요. 아이티, 도미니카, 쿠바, 자메이카 등 서인도 제도 나라들의 국민 대부분이 흑인인 것은 이 때문이에요.

영국 상인들은 아프리카에 면직물 같은 공산품을 팔고 대금

으로 흑인들을 노예로 받은 뒤, 서인도 제도의 농장에다 팔고는 대금으로 설탕, 면화, 담배 등을 받아 영국과 유럽에 팔았어요. 영국 - 아프리카 - 서인도 제도를 잇는 삼각 무역으로 영국 상인들은 세계에서 가장 잘사는 부자가 되었지요.

우리나라에 들어온 커피와 설탕

 우리나라는 1884년에 러시아와 국교를 맺었는데, 이듬해 초대 러시아 공사 베베르를 따라 처형인 손탁 여사가 우리나라로 들어왔어요. 손탁 여사는 커피를 잘 끓이기로 유명했는데, 고종 황제와 명성 황후도 손탁 여사가 끓인 커피 맛에 반해 자주 궁궐로 불러 커피를 즐겼어요.

1895년에 고종 황제가 정동의 왕실 소유 집과 땅을 하사하자, 손탁 여사는 한옥을 개조해 커피하우스를 열었어요. 우리나라 최초의 커피 전문점인 셈이지요. 손탁 여사의 커피하우스는 장안의 명물로 알려져 커피 맛을 보려는 사람들로 문전성시를 이루었어요.

손탁 여사의 커피하우스를 이용하던 사람들은 주로 서양 외교관들과 정부 고관들이었어요. 커피하우스에서 만나던 정부 고관들은 정동 구락부라는 모임을 만들었는데, 1898년 독립 협회와 함께 만민 공동회*를 열었어요.

> **만민 공동회**
>
> 1898년에 독립 협회 주최로 서울 종로 네거리에서 열린 민중 대회이다. 외세의 배격과 언론, 집회의 자유를 주장하는 등 민족주의·민주주의 운동을 제창하였다.

개화기와 일제 강점기에는 소수 부유층만 맛볼 수 있었던 커피와 설탕이 대중화된 것은 1950년 6·25 전쟁 이후의 일이에요. 미군이 밀가루와 설탕을 원조 물자로 쏟아 부었거든요. 먹을 것이 다 떨어져 굶주리던 사람들은 원조 물자로 배급받은 설탕을 물에 타 마시면서 허기를 달랬어요. 그야말로 먹을 게 없어 설탕을 먹던 시대였지요.

자동차 연료가 된 설탕

 브라질은 1960년대 중반에 벌써 연간 자동차 생산량 100만 대를 돌파할 만큼 자동차 산업이 발달한 나라였어요.

그런데 1970년대 초반, 10월 전쟁*으로 아랍 국가들이 석유를 무기화하면서 석유 값이 1배럴에 2.5달러에서 11.7달러로 4배 이상 치솟았어요. 석유 위기였지요.

석유 값이 오르면서 석유를 연료로 쓰는 자동차 산업은 직격탄을 맞았어요. 브라질의 자동차 산업도 마찬가지였어요. 수출 길이 막힌 거예요. 국내 시장에 자동차를 팔려고 해도 안 팔렸어요. 선진국에서도 기름

10월 전쟁: 제4차 아랍-이스라엘 전쟁

무슬림의 금식 기간인 라마단 기간과 유대인의 금식일인 욤 키프르에 일어났다고 해서 아랍인들은 라마단 전쟁이라고 부르고, 유대인들은 욤 키프르 전쟁이라고 한다. 이집트와 시리아가 선제공격해 우위를 잡았으나 미국의 원조가 시작되면서 승리가 흔들리기 시작했다. 이후 아랍 진영에서는 석유 가격을 올리는 등 석유 무기화를 선언했다. 그러자 미국에서는 외교활동을 벌여 양국의 휴전을 이끌어냈다.

값이 비싸 차를 사지 않는 판에 브라질에서 누가 사려고 하겠어요? 뭔가 뾰족한 수가 필요했지요.

'휘발유나 경유 대신 쓸 수 있는 자동차 연료는 없을까? 값싸면서도 쉽게 구할 수 있으면 금상첨화인데…….'

브라질 자동차 회사들은 회사의 사활을 걸고 새로운 연료를 찾아 나섰어요. 그렇게 찾아낸 것이 알코올의 일종인 에탄올이었어요. 에탄올은 사람들이 마시는 술의 화학명이에요.

에탄올도 우리나라에서 술을 만드는 것과 똑같은 공정으로 만들어요. 하지만 브라질에서 에탄올을 만들 때 들어가는 원료는 우리나라처럼 쌀이나 밀, 보리, 옥수수, 감자, 고구마가 아니라, 사탕수수를 정제해 설탕을 만드는 과정에서 나오는 폐당밀*이에요.

산업 쓰레기로 버리던 폐당밀을 생물학적으로 발효시켜 얻는 에탄올, 이른바 바이오 에탄올이 처음 선보인 거예요. 바이오 에탄올은 브라질 경제에 엄청난 이익을 가져왔어요.

폐당밀
사탕수수나 사탕무에서 사탕을 결정하게 하여 가려내고 남은 액체이다. 부탄올, 아세톤, 에틸알코올 등의 원료로 쓰인다.

폐당밀을 다시 처리해 에탄올을 얻기 때문에 원료비가 전혀 들지 않아요. 아주 싸다는 것이지요. 거기다 폐당밀 처리 비용도 줄이니 환경 오염도 막을 수 있어요.

또 값싼 바이오 에탄올을 연료로 쓰면 자동차 유지비가 적게 들어요. 이런 장점들 때문에 에탄올 자동차를 찾는 사람들이 늘어났어요. 공장을 완전 가동해도 주문량을 맞추지 못할 정도로 날개 돋친 듯 팔렸지요. 브라질 자동차 회사들은 공장을 확장해 생산량을 연간 200만 대 이상으로 두 배나 늘렸어요. 바이오 에탄올 덕분에 브라질의 자동차 산업은 브라질 경제에서 20퍼센트를 넘어설 만큼 크게 성장했어요.

바이오 에탄올 소비가 늘면서 폐당밀에서 얻는 양만으로는 에탄올이 모자랐어요. 그래서 아예 당밀에서 에탄올을 얻는 방법을 연구해 활용했어요. 설탕을 뽑기 전 상태인 당밀은 설탕을 뽑고 남은 찌꺼기인 폐당밀보다 훨씬 많은 에탄올을 얻을 수 있었어요. 이렇게 당밀에서 에탄올을 얻어 내면서 에탄올 공장이 농가에서 사들이는 사탕수수 양도 크게 늘었어요. 농가 경제에도 큰 보탬이 된 것이지요. 그 뿐만 아니라 석유 수입도 줄어들어 국제 수지에도 큰 보탬이 되었지요.

바이오 에탄올이 보편화되면서 브라질 정부는 프로 알코올 법을 만들어 에탄올 연료 사용을 의무화했어요. 에탄올을 22퍼센트 이상 섞은 휘발유가 아니면 팔지 못하도록 아예 법으로 못 박은 거예요. 브라질에서는 심지어 100퍼센트 에탄올을 쓰는 사람도 많아요. 에탄올 사용을 의무화하면서 브라질 자동차 회사들의 에탄올 엔진 기술은 세계 최고 수준에 올라섰어요.

가장 큰 이익은 국제 설탕 값이 크게 떨어지더라도 사탕수수 농가가 손해를 덜 보게 되었다는 거예요. 사탕수수나 사탕무가 풍년이 들면 국제 설탕 값은 크게 떨어져요. 설탕 값이 떨어지면 사탕수수 농가가 큰 손해를 보겠지요.

　하지만 바이오 에탄올을 생산하면서 상황이 달라졌어요. 풍년으로 설탕 값이 떨어지면 에탄올 생산을 늘리고, 흉년으로 설탕 값이 오르면 설탕 생산을 늘리면 되거든요. 브라질에서 수출하는 설탕이 줄어들면 설탕 값이 떨어지는 폭은 크게 줄어들고, 사탕수수 농가의 피해도 줄일 수 있어요.

　하지만 브라질 자동차 산업도 1980년대부터 약 20년 동안 고난의 시기를 겪어야 했어요. 이 시기에는 석유 값이 워낙 싸서 바이오 에탄올 값보다 싼 경우도 종종 있었거든요. 석유 값이 싼 데 굳이 에탄올을 쓸 이유가 없으니 수출 길도 막히고 국내 소비도 줄어들었어요. 나라 안팎에서 브라질도 세계 추세에 맞게 에탄올 대신 휘발유를 써야 한다는 소

리가 갈수록 높아졌어요. 그래도 브라질 정부는 자동차 연료로 에탄올 사용을 의무화하는 법을 고치지 않았어요. 사탕수수 농가에 미치는 영향을 고려한 것이지요.

　브라질 정부에 힘을 실어 준 것은 **에탄올이 친환경 연료라는 점이었어요.** 에탄올을 태우면 휘발유나 경유를 태우는 경우와 달리 대기 오염 물질이 거의 발생하지 않아요. 무공해 청정 연료라는 말이지요.

　물론 에탄올도 휘발유나 경유와 마찬가지로 태우면 지구 온난화를 일으키는 이산화탄소가 발생해요. 하지만 다른 대기 오염 물질이 발생하지 않기 때문에 교토 의정서에서도 바이오 에탄올 연료에서 발생하는 이산화탄소*는 예외로 처리하고 있어요. 바이오 에탄올 차량에서 발생하는 이산화탄소는 아예 발생하지 않은 것으로 계산한다는 거예요. 따라서 휘발유 차량을 에탄올 차량으로 바꾸면 휘발유 차량에서 발생하는 이산화탄소만큼을 감축한 것으로 계산한답니다. 기후 변화 협약에 따르면 앞으로는 이산화탄소 배출량을 줄이지 않으면 경제 보복을 당하기 때문에 에탄올 차량에 대한 관심은 점점 늘어나고 있답니다.

> **바이오 에탄올에서 발생하는 이산화탄소**
>
> 바이오 에탄올은 일산화탄소나 탄화수소 같은 대기 오염 물질을 크게 줄일 뿐 아니라 이산화탄소도 줄여 준다. 일본 자원에너지청 연료정책소위원회에 따르면 석유 1톤이 가지고 있는 에너지를 에탄올로 대체하면 약 1.8~2.9톤의 이산화탄소를 줄일 수 있다.

2000년대 중반부터 국제 석유 값이 크게 오르면서 빅 3인 제너럴 모터스와 크라이슬러가 파산할 만큼 세계의 자동차 산업도 큰 변화를 겪었다. 오늘날 브라질 자동차 회사의 에탄올 엔진 기술은 신재생 에너지 기술로 전 세계의 주목을 받고 있다.

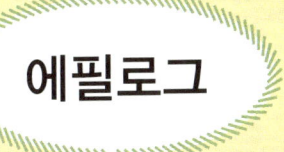 씨앗은 **미래**다

세계는 지금 씨앗 전쟁 중

우리는 지금까지 세계 3대 식량 작물인 쌀, 밀, 옥수수에서 출발해 근대의 새벽에 세계인을 굶주림에서 구해 준 감자, 고구마를 거쳐 차, 커피, 후추, 설탕 같은 기호 식품까지 세계사를 바꾼 여러 씨앗들을 하나씩 살펴보았어요. 씨앗이라는 렌즈를 통해 들여다 본 세계사 이야기, 어땠나요? 세계사의 수많은 전쟁의 이면에 씨앗이 자리하고 있다는 사실, 놀랍지 않나요? 하지만 씨앗 전쟁은 아직 끝나지 않았어요.

1993년에 우루과이라운드 협정이 타결되고 1995년에 세계 무역 기구가 출범하면서 농산물도 국제 교역의 대상이 되었어요. 우리나라에도 중국과 미국을 비롯한 세계 각국의 농민들이 생산한 수많은 농산물이 물밀듯이 쏟아져 들어오고 있어요. 우리나라 농민들은 지금도 해외의 농산물에 맞서 겨레의 생명인 농업을 지키기 위해 밤낮없이 땀 흘리고 있어요.

벼농사로는 더 이상 수지를 맞출 수 없게 된 농민들은 소, 돼지, 닭, 오리 등 가축을 기르고 유리 온실이나 비닐하우스에서 채소와 과일, 꽃을 길러 어려운 상황을 이겨 내려 하고 있지요.

문제는 이들 채소와 과일, 꽃을 기르려면 해마다 종묘 회사에다 비싼 돈을 주고 씨앗을 사야 한다는 거예요. 종묘 회사에서 유전자를 조작하거나 화학 처리를 해 씨앗의 번식력을 앗아 갔기 때문이에요.

그런데 농민들이 사는 씨앗 구입 비의 절반이 외국 기업에 흘러들어가요. 몬산토, 신젠타, 사카타 같은 외국 종묘 회사들이 1997년에 외환 위기를 틈타 우리나라 종묘 회사들을 사들였기 때문이에요.

그러다 보니 우리가 먹는 배추 한 포기, 사과 한 알에도 외국 종묘 회사로 가는 기술료가 붙게 되었어요. 대표적인 것이 청양 고추, 불암 배추, 금싸라기 참외, 신고 배, 후지 사과, 아오리 사과, 캠벨 포도 등이에요.

상황이 이렇게 된 것은 미국이나 유럽, 일본 등 농업 선진국이 일찍이 씨앗의 중요성을 깨달아 세계 각지에서 씨앗을 체계적으로 수집해 개량했기 때문이에요.

미국 라일락 꽃 시장의 30퍼센트를 차지하는 '미스김라일락'은 1947년에 미군이 우리나라에서 가져간 털개회나무를 개량한 거예요. 지금은 우리나라에서 비싼 기술료를 내고 거꾸로 미국에서 수입하고 있어요. 크리스마스트리로 인기를 끄는 구상나무 역시 우리나라에서

건너간 것을 기술료를 내고 거꾸로 수입하고 있어요. 기가 막힐 노릇이지요?

세계의 씨앗 시장은 2010년 기준으로 698억 달러예요. 2020년에는 1650억 달러로 2.5배 커지리라 예상하고 있어요. 여기에다 화장품이나 약품으로 쓰이는 추출물까지 포함하면 그 규모는 몇 배로 커져요. 이렇게 어마어마한 시장을 놓고 세계 각국의 종묘 회사와 곡물 기업, 제약 회사들이 '씨앗 전쟁'을 치르고 있어요.

우리도 '씨앗 전쟁'에서 더 이상 뒤처질 수는 없는 노릇이에요. 우선 유전자원 센터를 중심으로 우리나라의 우수한 씨앗을 철저히 확보하고 보존하려는 노력이 필요해요. 한 걸음 더 나아가 세계 각지의 우수한 씨앗도 수집하고 연구해 개량해야 하고요.

그러나 무엇보다 중요한 것은 사람들이 씨앗의 중요성, 농업의 중요성을 깨닫고 연구 개발에 아낌없는 성원을 보내 주는 일이에요.

씨앗은 곧 나의 밥이요, 생명이기 때문이지요.